EL ESCÁNDALO *del* PERDÓN

OTROS LIBROS DE PHILIP YANCEY EN ESPAÑOL

El Jesús que nunca conocí

La oración: ¿Hace alguna diferencia?

Cuando la vida duele: ¿Dónde está Dios cuando sufrimos?

¿Para qué sirve Dios?

Desilusión con Dios

La desaparición de la gracia: ¿Qué les pasó a las Buenas Nuevas?

La Biblia que leyó Jesús

Alcanzando al Dios invisible: ¿Qué podemos esperar encontrar?

*El don del dolor: ¿Por qué sufrimos y qué
debemos hacer con el sufrimiento?*

¿Para qué ser parte de una iglesia?

La pregunta intermitente

Los sonidos de la fe

Me pregunto ¿por qué?

Gracia divina vs. condena humana

En compañía de Dios cada día

Rumores de otro mundo

Sobreviviente: A pesar de todo mi fe sobrevive

EL
ESCÁNDALO *del*
PERDÓN

La gracia puesta a prueba

PHILIP
YANCEY

La misión de Editorial Vida es ser la compañía líder en satisfacer las necesidades de las personas con recursos cuyo contenido glorifique al Señor Jesucristo y promueva principios bíblicos.

EL ESCÁNDALO DEL PERDÓN
Edición en español publicada por
Editorial Vida – 2022
Nashville, Tennessee

Publicado originalmente en EUA bajo el título:
The Scandal of Forgiveness
Copyright © 2021 por Philip Yancey
Publicado con permiso de Zondervan, Grand Rapids, Michigan 49546.

Editora en Jefe: *Graciela Lelli*
Traducción: *Enrique Chi*
Adaptación del diseño al español: *Deditorial*
Diseño de la cubierta: *Jamie DeBruyn*
Fotografía de cubierta: *Mopic, Shutterstock*

ISBN: 978-0-82977-081-0
e-Book: 978-0-82977-109-1

CATEGORÍA: Religión / Vida Cristiana / Inspiración

IMPRESO EN ESTADOS UNIDOS DE AMÉRICA
PRINTED IN THE UNITED STATES OF AMERICA

22 23 24 25 26 LSC 9 8 7 6 5 4 3 2 1

CONTENIDO

1. Liberados — 1
2. Un Padre enfermo de amor — 9
3. Las nuevas matemáticas de la gracia — 21
4. La cadena continua — 35
5. Un acto antinatural — 43
6. ¿Por qué perdonar? — 59
7. Ajustando cuentas — 79
8. El arsenal de la gracia — 97
9. El cristiano lleno de gracia — 123

Fuentes — 143
Acerca del autor — 151

Capítulo 1

LIBERADOS

Mi amigo Mark vive en una casa suburbana de clase media con su esposa y dos hijos adolescentes. Un día discutía con su esposa acerca de si había llegado la hora de sacrificar a su envejecido gato. Algo que dijo ella le tocó una fibra sensible, y antes de percatarse del hecho, él le estaba gritando. Sintiéndose amenazada por ese estallido iracundo, ella tomó el teléfono y marcó el número de emergencia, pero Mark se lo arrebató y lo desenchufó. Todavía muy enojado, salió abruptamente de la habitación creyendo que el incidente había terminado, hasta poco tiempo después, cuando sonó el timbre de la puerta.

Usando apenas unos calzoncillos tipo bóxer y una camiseta, Mark abrió la puerta para encontrarse con dos policías uniformados. El centro de llamadas de emergencia había detectado la llamada interrumpida y advertido a la policía local de una posible emergencia. Él intentó explicar que todo estaba bien, que un desacuerdo se había tornado un tanto fogoso, pero los policías le informaron que tenían un protocolo estricto para manejar situaciones de posible violencia doméstica. Con vecinos curiosos mirándole, esposaron a

Mark y lo llevaron en calzoncillos al auto patrulla. Pasó la noche en el calabozo hasta que su padre pagó la fianza al día siguiente.

Mi amigo, humillado, recibió como sentencia un curso de catorce semanas sobre el manejo de la ira. Se encontró en una sala con reincidentes que habían expresado su ira con los puños, y no tan solo con palabras. «Su primera tarea es redactar una disculpa para la persona a la cual lastimó», dijo la mujer que dirigía el curso. Mark tomó el bolígrafo y el papel que le ofrecieron y regresó a su asiento, pero al mirar a su alrededor se percató de que había sido el único en acceder. Los demás hombres lo fulminaron con sus miradas.

Cuando terminó de redactar su disculpa, la líder se lo agradeció y le redujo la sentencia. A pesar de eso, ninguno de los demás siguió su ejemplo. «¡Antes muerto!», dijo uno, y los demás asintieron.

A Mark le ha tomado meses recuperar la confianza de su esposa. Me contó su historia, la cual ha referido a todos los amigos cercanos, como parte de ese esfuerzo, precisamente porque dejó al descubierto su problema con la ira. «Mi primer instinto fue desestimar lo ocurrido como una reacción exagerada y ridícula a una disputa marital normal. Pero entonces vi lo mucho que había lastimado a mi esposa. Si no enfrento la horrenda verdad acerca de mí mismo y enmiendo mi conducta, quizás nunca me gane su perdón, el cual necesito desesperadamente para reconstruir mi familia».

Lo que dijo a continuación me caló: «No sé qué es lo más difícil: que yo pida perdón o que mi esposa me perdone». Las dos acciones van en contra de nuestros instintos de protección. Por un lado, si hemos cometido una falta, tendemos a justificar nuestro error, culpando a la otra parte o al estrés, o a cientos de posibles razones psicológicas que pudieran habernos llevado a actuar de la manera en que lo hicimos. Por otro lado, si somos los que recibimos la ofensa, queremos curar nuestras heridas, guardar resentimientos e insistir en algún tipo de restitución.

Un conflicto como el de Mark vincula a dos partes con una fuerza que es casi lo opuesto del amor, una que los separa en lugar de unirlos. En ambos lados de la confrontación se erige un muro grueso de autoprotección. Y, para colmo de males, solo la parte que perdona, la parte ofendida, tiene la capacidad de derribar ese muro. Mark podría redactar una disculpa cada día del año, pero solo su esposa tiene la llave que abre la puerta de la restauración.

«Todos dicen que el perdón es una idea hermosa», escribe C. S. Lewis en *Mero Cristianismo,* «hasta que les toca perdonar algo».

En realidad, todos tenemos algo que perdonar, ya que los seres humanos nos decepcionan. Padres que cometen errores al criarnos, amigos que se alejan, una pareja que nos irrita y nos confunde, miembros de la iglesia que nos juzgan; nadie ama de manera perfecta y nadie satisface la necesidad de aceptación que todos anhelamos. Toda relación duradera incluye momentos de desencanto y algunas veces de traición.

Otros pueden decepcionarnos, pero la amargura que resulta de ello es algo que cultivamos en nosotros mismos. El perdón representa el único remedio. En las páginas siguientes hallará historias del perdón bien concedido y del perdón que se resiste a toda costa. Historias de los que pasaron la prueba de la gracia y de los que fracasaron. Hay mucho en juego, porque el rencor puede transmitirse a otras generaciones fomentando la enemistad dentro de las familias y aun entre las naciones.

En una ironía cruel, negarse a perdonar ejerce su energía negativa con mayor poder en la parte ofendida. El arzobispo Desmond Tutu, un maestro del perdón, describe el proceso.

> Perdonar no es solo ser altruista; a mi manera de verlo, es la mejor forma del interés propio. El proceso de perdonar no excluye el odio y el enojo. Esas emociones forman parte de la experiencia humana. Cuando hablo del perdón, me refiero a la capacidad de abandonar el derecho a la venganza y soltarnos las cadenas de la ira que nos ata a la persona que nos ofendió. Cuando uno perdona, uno queda libre del odio y de la ira que nos retiene en un estado de víctima. Si puede hallar en sí mismo las fuerzas para perdonar, podrá avanzar, y hasta podría ayudar al perpetrador a convertirse en mejor persona.

En un programa de la BBC transmitido por primera vez en el 2013, escuché una narración dramática del proceso descrito por Tutu. Se contaba la historia de Natascha Kampusch, una niña austríaca de diez años que fue raptada de camino a la escuela por un hombre de treinta y tantos años. Él la encerró en un recinto oscuro y semejante a un calabozo debajo de su garaje, donde la retuvo por ocho años. Después de un tiempo, le permitía salir para que cocinara para él e hiciera otros quehaceres, siempre vigilada de cerca, antes de volverla a encerrar en el recinto de hormigón cada noche. Algunas veces le daba palizas tan fuertes que ella apenas podía caminar. También la violaba.

Natascha finalmente logró escapar hasta la casa de un vecino, cuando tenía dieciocho años; para ese entonces pesaba casi lo mismo que cuando fue raptada (48 kilos). A pesar del horrible calvario, ella llegó al punto del perdón. Como lo explicó en el programa: «Sentí que tenía que perdonarlo. Solo si lo hacía, lograría alejar eso de mí. Si no lo hubiera perdonado, entonces estos sentimientos de frustración y enojo habrían continuado consumiéndome y habrían perdurado; toda esa experiencia continuaría viviendo dentro de mí. Sería como si al final él me hubiera ganado la partida, si yo hubiera permitido que eso me llegara. No quería que el odio me envenenara porque el odio siempre nos perjudica; siempre se vuelve en contra nuestra».

Con su franqueza típica, la autora Anne Lamott dice: «No perdonar es como beber veneno para ratas y esperar a que la rata se muera». Añade: «El perdón significa que finalmente ha dejado de ser importante devolver el golpe. Uno ha terminado. Eso no necesariamente significa que uno se sentará a almorzar con la otra persona».

El perdón es bastante difícil cuando la parte ofensora se disculpa, como lo hizo mi amigo Mark; pero en el caso de Natascha, su captor no mostró señal alguna de arrepentimiento. En lugar de ello, se suicidó al saltar delante de un tren luego de enterarse de que la policía estaba tras él. Sin embargo, Natascha sintió la necesidad de perdonarlo como medio para liberarse de los horrores del pasado.

¿Debiera uno perdonar a alguien que no ha pedido perdón o que no ha reconocido que debe pedirlo? Los cristianos tienen el ejemplo impactante de Jesús que, en las primeras palabras que pronunció en la cruz, dijo: «Padre, perdónalos, porque no saben lo que hacen». Según toda norma razonable de justicia, tal enunciado resulta absurdo. Unos soldados vulgares se burlaban de un hombre inocente aún mientras le clavaban las muñecas y los pies y echaban suertes por sus ropas. ¿Perdonar a tales personas? Esa escena más que ninguna otra deja al descubierto la naturaleza ilógica de la gracia, la cual es la fuerza motivadora tras el perdón.

«Habéis oído que se dijo: "AMARÁS A TU PRÓJIMO y odiarás a tu enemigo"», Jesús les expresó a sus seguidores, reiterando la regla común de la conducta humana. «Pero yo os digo: amad a vuestros enemigos y orad por los que os persiguen...». Sin duda esas palabras generaron expresiones de asombro y confusión en los rostros de los que le oían, y de inmediato Jesús dio la razón detrás de este extraño mandamiento: «para que seáis hijos de vuestro Padre que está en los cielos; porque Él hace salir su sol sobre malos y buenos, y llover sobre justos e injustos».

Como portadores de la imagen de Dios, se nos ha encargado la tarea de mostrarle al mundo cómo es él. No puedo imaginar una forma más eficaz de hacerlo que seguir el ejemplo de Jesús. Nosotros que merecemos la ira de Dios recibimos su amor; los que merecemos el castigo de Dios recibimos su perdón. Y si reflejamos ese patrón en nuestras relaciones humanas, revelamos al mundo la imagen de Dios.

El teólogo N. T. Wright hace una observación intrigante; señala que, a causa del perdón traído por la obra reconciliadora de Jesús, «Dios no solo libera al mundo de la carga de su culpa, sino que también, por así decirlo, se libera a sí mismo de la carga de tener que estar siempre airado con un mundo que se ha descarriado».

Utilizando metáforas vívidas, el Antiguo Testamento describe el alcance del perdón de Dios. Él aleja nuestras ofensas «como está de lejos el oriente del occidente» (Sal 103:12). Con una habilidad fuera del alcance de los meros humanos, Dios dice: «borro [...] y no recordaré tus pecados» (Is 43:25). El profeta Miqueas representa a Dios hollando nuestras malas acciones con sus pies y arrojándolas al fondo del océano (Mi 7:19).

No somos Dios y no tenemos la capacidad de borrar nuestra memoria. Por un acto de mi voluntad, puedo perdonar, pero no me es tan fácil olvidar, incluso cuando quisiera hacerlo. En este mismo momento podría confeccionar una lista de los que me han herido, decepcionado y traicionado. Aun después de haber dado los pasos del perdón, todavía puedo recuperar los recuerdos dolorosos y volver a sentirlos como viejas heridas. Los recuerdos merodean por mi mente y, cuando salen a la superficie, me es necesario presentárselos a Dios y pedirle una medida de gracia sobrenatural.

Para nosotros los seres humanos, el perdón no borra el pasado. En lugar de ello, abre un futuro nuevo al bloquear al pasado para que no envenene el futuro. El perdón significa aceptar que el pasado no puede cambiarse mientras que confiamos en Dios para un futuro mejor.

Pienso en Mark, libre al fin para restaurar la relación con su esposa; y en Natascha, libre para forjarse una vida nueva. Pienso en Pedro, el discípulo de Jesús, un traidor, después escogido para la misión: «Pastorea mis ovejas». Pienso en Saulo de Tarso, previamente un cazador de cristianos, después libre para volverse el misionero más grande de todos los tiempos.

No debemos hacernos ilusiones en cuanto al perdón, porque podría ser el acto más demandante en todas las relaciones humanas, la cosa más difícil que jamás lograremos hacer. Pero para todo el que vive y ama de manera imperfecta, es decir, nosotros, el perdón ofrece una alternativa diferente al ciclo interminable de resentimiento y venganza. El perdón es lo único que puede liberarnos.

Capítulo 2

UN PADRE ENFERMO DE AMOR

Una joven crece en medio de un huerto de cerezos, inmediatamente al norte de Traverse City, estado de Míchigan, Estados Unidos. Sus padres, un poco anticuados, tienden a reaccionar demasiado fuerte por la anilla que se pone en la nariz, la música que escucha y el escaso corte de sus faldas. Le prohíben salir unas cuantas veces, y ella hierve por dentro. «¡Te odio!», grita cuando el padre le toca a la puerta del cuarto después de una discusión, y aquella noche lleva a cabo un plan que ha repasado muchas veces en su mente. Se fuga de casa.

Solo ha visitado Detroit una vez, en un viaje de ómnibus con el grupo de jóvenes de su iglesia, para ver jugar béisbol al equipo de los Tigres. Como los periódicos de Traverse City informan con sórdidos detalles sobre las pandillas, las drogas y la violencia en el centro de Detroit, ella llega a la conclusión de que es probable que ese sea el último lugar donde sus padres piensen en ir a buscarla. Tal vez California o la Florida, pero no Detroit.

Al segundo día, conoce a un hombre que tiene el auto más grande que ella haya visto jamás. Él se ofrece a llevarla, le paga el almuerzo y le consigue un lugar donde estar. Le da unas cuantas píldoras que la hacen sentir mejor que nunca. Ella decide que ha estado en lo cierto todo el tiempo: sus padres siempre han estado impidiendo que se divirtiera.

Aquella buena vida continúa por un mes, dos meses, un año. El hombre del auto grande, ella lo llama «jefe», le enseña unas cuantas cosas que les gustan a los hombres. Puesto que es menor de edad, los hombres pagan más por estar con ella. Vive en un lujoso apartamento, y pide que le traigan las comidas allí cada vez que quiere. De vez en cuando piensa en su familia, en su casa, pero la vida de ellos le parece ahora tan aburrida y provinciana, que apenas puede creer que ella haya crecido en ese lugar.

En una ocasión se asustó un poco cuando vio su foto impresa en la parte de atrás de un cartón de leche con el titular: «¿Ha visto usted a esta niña?». Pero ahora ella tiene el pelo rubio, y con todo el maquillaje y las joyas que lleva atravesadas por todas partes, nadie va a pensar que es una niña. Además, la mayoría de sus amigos se han escapado también de sus casas, y en Detroit nadie delata a nadie.

Después de un año aparecen las cetrinas señales de enfermedad, y se asombra frente a la rapidez con que el jefe cambia de humor. «En estos días no se puede andar jugando», él gruñe. Antes de darse cuenta, la joven termina en la calle y sin un centavo. Aún logra conseguir un par de clientes por noche, pero no le pagan demasiado, y todo el dinero se le va en mantener su hábito. Cuando llega el invierno, se tiene que ir a dormir sobre las parrillas metálicas que hay afuera de las grandes tiendas. «Dormir» no es la palabra exacta; en las noches de Detroit, una adolescente nunca puede bajar la guardia. Unas oscuras ojeras le rodean los ojos. La tos va empeorando.

Una noche, cuando está acostada y despierta, escuchando los pasos de la gente, de pronto todas las cosas de su vida le parecen distintas. Ya no se siente como una mujer de mundo, sino como una niña pequeña, perdida en una ciudad fría y atemorizante. Comienza a lloriquear. Tiene los bolsillos vacíos y mucha hambre. Necesita droga. Esconde las piernas debajo del cuerpo y tiembla bajo los periódicos que ha amontonado sobre su abrigo. Algo hace saltar un recuerdo, y una sola imagen le llena la mente: se ve en Traverse City con su perro perdiguero en el mes de mayo, cuando un millón de cerezos florecen al mismo tiempo, corriendo entre las filas y filas de cerezos en flor para atrapar una pelota de tenis.

Señor, ¿por qué me fui?, se dice, y el dolor le atraviesa el corazón. *Mi perro allá en casa come mejor que yo ahora.* Está sollozando, y supo en un instante que no hay nada que quiera más en el mundo que regresar al hogar.

Tres llamadas telefónicas y tres conexiones con el contestador. Las dos primeras veces cuelga sin dejar mensaje, pero la tercera vez dice: «Papá, mamá, soy yo. Me estaba preguntando si podría volver a casa. Voy a tomar un ómnibus hacia allá y llegaré alrededor de la medianoche de mañana. Si ustedes no están allí, bueno, me imagino que me quedaré en el ómnibus hasta que llegue a Canadá».

Al ómnibus le toma unas siete horas hacer todas las paradas entre Detroit y Traverse City, y, durante ese tiempo, ella se da cuenta de que hay fallos en su plan. ¿Y si sus padres se hallan fuera de la ciudad y no oyen su mensaje? ¿No habría debido esperar un día más hasta poder hablar con ellos? Y aunque estén en casa, lo más probable es que la hayan dado por muerta desde hace mucho. Les habría debido dar un poco de tiempo para superar la sorpresa.

Sus pensamientos van alternando entre estos temores y el discurso que está preparando para su padre. «Papá, lo siento. Sé que estaba equivocada. La culpa no es tuya; es toda mía. Papá, ¿me puedes perdonar?». Dice estas palabras una y otra vez, y, aunque solo está practicando, se le hace un nudo en la garganta. No le ha pedido perdón a nadie en años.

El ómnibus lleva las luces encendidas desde Bay City. Unos pequeños copos de nieve caen al pavimento gastado por miles de neumáticos, y el asfalto echa humo. Se ha olvidado de lo oscura que es la noche allí. Un ciervo atraviesa la carretera corriendo, y el ómnibus gira bruscamente. De vez en cuando, un tablero de anuncios. Una señal de carretera indica la distancia a Traverse City. *¡Dios mío!*

Cuando por fin el ómnibus entra en la terminal, y suenan en protesta los frenos de aire, el conductor anuncia por el micrófono con una voz cascada: «Quince minutos, señores. Es todo el tiempo que podemos estar aquí». Quince minutos para decidir su vida. Se mira en un pequeño espejo, se alisa el cabello y limpia de los dientes la pintura de labios. Se mira las manchas de tabaco en la punta de los dedos y se pregunta si sus padres se darán cuenta. Si es que están allí.

Entra a la terminal sin saber qué sucederá. Ni una de las mil escenas imaginadas la ha preparado para lo que ve. Allí, en la terminal con paredes de hormigón y sillas de plástico de Traverse City, estado de Míchigan, la espera un grupo de cuarenta hermanos y hermanas, tías abuelas y abuelos, primos, una abuela y una bisabuela. Todos llevan simpáticos sombreros de fiesta y soplan silbatos; pegado con cinta adhesiva a todo lo ancho de una de las paredes de la terminal, hay un letrero hecho en computadora que dice: «¡Bienvenida a casa!».

Su padre sale de en medio del grupo que ha venido a darle la bienvenida. Ella lo mira a través de las lágrimas que brotan en sus ojos como mercurio caliente, y comienza a pronunciar el discurso aprendido de memoria: «Papá, lo siento. Yo sé...». Él la interrumpe. «Cállate, hija. Ya tendremos tiempo para eso. No es momento de pedir disculpas. Vas a llegar tarde a la fiesta. En casa te está esperando un banquete».

Estamos acostumbrados a encontrar una trampa en cada promesa, pero los relatos de Jesús acerca del perdón escandaloso y de la Gracia extraordinaria no tienen trampas ni enredos que nos descalifiquen para recibir el amor de Dios. Cada uno de ellos tiene en el centro mismo un final demasiado bueno para ser cierto... o tan bueno que debe serlo.

Qué distintos son estos relatos a las ideas que yo tenía de niño sobre Dios: sí, un Dios que perdona, pero de mala gana, después de hacer sufrir al penitente. Me imaginaba a Dios como una figura distante y amenazadora que prefiere el temor y el respeto al amor. En cambio, Jesús habla de un padre que se humilla en público al salir corriendo para abrazar a un hijo que ha derrochado la mitad de la fortuna familiar. No lo sermonea con solemnidad: «Espero que hayas aprendido la lección». En lugar de eso, Jesús habla del júbilo que manifiesta el padre: «Este hijo mío estaba muerto y ha vuelto a la vida; estaba perdido y ha sido hallado», y después, añade unas palabras llenas de gozo: «Y comenzaron a regocijarse».

Lo que impide el perdón no es que Dios esté renuente —«Y cuando todavía estaba lejos, su padre lo vio y sintió compasión *por él*»—, sino que lo estamos nosotros. Los brazos de Dios siempre se encuentran extendidos; somos nosotros los que nos apartamos de él.

He meditado en los relatos de gracia de Jesús lo suficiente para dejar que se vea claro su significado. Sin embargo, cada vez que me encuentro con su asombroso mensaje, me doy cuenta de la forma tan oscura en que el velo de la falta de gracia ofusca mi concepto de Dios. Un ama de casa dando saltos de júbilo porque ha encontrado una moneda perdida no es lo que me viene a la mente de manera natural cuando pienso en Dios. Sin embargo, esa es la imagen en la que insistió Jesús.

Al fin y al cabo, la historia del hijo pródigo aparece en un conjunto de tres relatos de Jesús: la oveja perdida, la moneda perdida y el hijo perdido, y todos ellos parecen presentar la misma idea. Subrayan la sensación de pérdida por parte del que ha perdido, hacen notar la emoción del encuentro y terminan con una escena de júbilo. En efecto, Jesús está diciendo: «¿Quieren saber cómo se siente uno cuando es Dios? Cuando uno de estos humanos de dos piernas me presta atención, me parece como si hubiera recuperado mi posesión más valiosa, que había dado por perdida». A Dios mismo le parece como el gran descubrimiento de la vida.

Aunque parezca extraño, recuperar algo puede emocionar más que descubrirlo por vez primera. Cuando alguien pierde una estilográfica de lujo y la encuentra, se siente más feliz que el día en que la consiguió. En los tiempos anteriores a las computadoras, yo perdí una vez cuatro capítulos de un libro que estaba escribiendo, cuando se me quedó mi única copia en un cajón de un cuarto de hotel. Durante dos semanas, el hotel insistió en que el personal de limpieza había tirado a la basura aquel montón de papeles. Yo estaba inconsolable. ¿Dónde iba a encontrar energía para comenzar de nuevo, cuando me había pasado meses puliendo y mejorando aquellos cuatro capítulos? Nunca encontraría las mismas palabras. Entonces, un día, una encargada de limpieza que hablaba poco inglés me llamó para decirme que no había tirado los capítulos a la basura. Créame: sentí mucho más gozo por los capítulos que aparecieron que todo el que había sentido mientras los escribía.

Esa experiencia me permite saborear por anticipado lo que debe sentir un padre cuando recibe una llamada telefónica del FBI para informarle que la hija que le habían secuestrado hace seis meses ha sido localizada al fin, y viva. O una esposa cuando recibe la visita de un vocero del ejército delegado para excusarse por la confusión: su esposo no había estado a bordo del helicóptero accidentado. Todas esas imágenes nos dejan entrever solamente lo que debe sentir el Hacedor del universo cuando recupera a un miembro más de su familia. Dicho con las palabras de Jesús: «De la misma manera, os digo, hay gozo en la presencia de los ángeles de Dios por un pecador que se arrepiente».

La gracia es sorprendentemente personal. Henri Nouwen señala: «Dios se regocija. No porque se hayan solucionado los problemas del mundo, ni porque haya terminado todo el dolor y el sufrimiento humanos, ni porque se hayan convertido miles de personas y ahora lo estén alabando por su bondad. No; Dios se regocija porque uno de sus hijos, que estaba perdido, ha sido hallado».

En la Academia de Bellas Artes de Venecia cuelga una pintura de Paolo Veronese que lo metió en problemas con la Inquisición. El cuadro presenta a Jesús en un banquete con sus discípulos; hay hasta soldados romanos jugando en una esquina, un hombre con la nariz sangrante al otro lado, unos perros callejeros rondando, unos cuantos borrachos y también enanos, moros y hasta varios hunos, en evidente anacronismo. Llamado a comparecer ante la Inquisición para que explicara aquellas irreverencias, Veronese defendió su cuadro demostrándoles con los evangelios que esas eran precisamente las clases de personas con las que se mezclaba Jesús. Escandalizados, los inquisidores le hicieron cambiar el título del cuadro y convertirlo en una escena secular en lugar de religiosa.

Por supuesto que al hacer esto, los inquisidores estaban reproduciendo la actitud de los fariseos en tiempos de Jesús. Ellos también se escandalizaban por los recaudadores de impuestos, los mestizos, los extranjeros y las mujeres de mala reputación que andaban alrededor de Jesús. A ellos también les costaba aceptar la idea de que esa es la gente que Dios ama. En el mismo momento en que Jesús estaba cautivando a la multitud con sus parábolas sobre la gracia, los fariseos se hallaban al borde de la multitud murmurando y rechinando los dientes. En el relato del hijo pródigo, de forma provocadora Jesús trajo a escena al hermano mayor para que expresara su indignación con el padre por haber recompensado una conducta tan irresponsable. ¿Qué clase de «valores familiares» iba a comunicar su padre si hacía una fiesta en honor de un renegado como aquel? ¿Qué clase de virtud iba a fomentar todo aquello?*

El evangelio no se parece en nada a lo que habríamos escrito nosotros. Yo mismo habría esperado que se honrara al virtuoso por encima del libertino. Habría esperado tener que enderezar mi vida antes de solicitar siquiera una audiencia con un Dios santo. En cambio, Jesús habla de que Dios pasa por alto a un elegante maestro religioso para volverse a un pecador común y corriente que suplica: «Dios, ten piedad de mí». De hecho, a lo largo de toda la Biblia, Dios manifiesta una marcada preferencia por la gente «real», más que por la gente «buena». En palabras del propio Jesús: «Os digo que de la misma manera, habrá *más* gozo en el cielo por un pecador que se arrepiente que por noventa y nueve justos que no necesitan arrepentimiento».

En uno de los últimos actos anteriores a su muerte, Jesús perdonó a un ladrón que pendía de una cruz sabiendo muy bien que aquel ladrón se había convertido movido por el miedo. El ladrón nunca estudiaría la Biblia, nunca asistiría a una sinagoga o una iglesia, y nunca haría restitución a favor de aquellos a quienes les había hecho mal. Sencillamente, había dicho: «Jesús, acuérdate de mí», y Jesús le prometió: «Hoy estarás conmigo en el paraíso». Es otro sorprendente suceso que nos recuerda que la gracia no depende de lo que

---

* En cierta ocasión, el predicador Fred Craddock decidió hacer algunos cambios en los detalles de la parábola, solo para presentar este concepto. En un sermón, hizo que el padre le pusiera el anillo y el manto al hermano *mayor*, y entonces se matara el ternero engordado para honrar sus años de fidelidad y obediencia. Una señora le gritó desde el fondo de la iglesia: «¡Así es como la deberían haber escrito!».

nosotros hayamos hecho por Dios, sino más bien de lo que él ha hecho por nosotros.

Pregúnteles a las personas qué deben hacer para llegar al cielo, y la mayoría le contestarán: «Ser bueno». Los relatos de Jesús contradicen esa respuesta. Todo lo que debemos hacer es gritar: «¡Auxilio!». Dios acepta en su casa a todo aquel que se le acerque. De hecho, ya él ha dado el primer paso. La mayoría de los expertos, médicos, abogados, consejeros matrimoniales, se dan un alto valor a sí mismos y esperan que los clientes acudan a ellos. Dios no es así. Søren Kierkegaard lo expresa con estas palabras:

> Cuando de un pecador se trata, Él no se conforma con estarse quieto, abrir los brazos y decirle: «Acércate»; no, sino que se pone a esperar, como esperó el padre del hijo perdido. Más bien, lo que hace no es ponerse a esperar, sino que sale a buscar, como el pastor buscó la oveja perdida, y la mujer buscó la moneda extraviada. Él va; no, Él ya ha ido, pero infinitamente más lejos que cualquier pastor o cualquier ama de casa. En realidad, recorrió el camino infinitamente largo que hay entre ser Dios y hacerse hombre, y de esa forma, salió a buscar a los pecadores.

Kierkegaard señala con esto lo que tal vez sea el aspecto más importante de las parábolas de Jesús. No se trata de unos simples relatos agradables para mantener la atención de los oyentes ni de recipientes literarios donde poner las verdades teológicas. En realidad, eran como plantillas calcadas de la vida de Jesús sobre esta tierra. Él era el pastor que dejó la seguridad del redil para salir a la noche oscura y peligrosa del exterior. En sus banquetes recibía a los publicanos, a los réprobos y a las prostitutas. Él vino en busca de los enfermos, y no de los sanos; en busca de los injustos, y no de los justos. Y a los que lo traicionaron —en especial los discípulos, que lo dejaron solo en sus momentos de mayor necesidad—, les correspondió como un padre enfermo de amor.

El teólogo Karl Barth, después de escribir las miles de páginas de su *Dogmática eclesiástica*, llegó a esta sencilla definición de Dios: «el que ama».

No hace mucho, hablé con un amigo pastor que estaba batallando con su hija de quince años. Él sabía que estaba usando anticonceptivos, y varias noches ni se había molestado en regresar a la casa. Los padres habían intentado diversas formas de castigo sin resultado alguno. La hija les mentía, los engañaba y encontraba la manera de vencerlos con sus propias armas: «¡Ustedes tienen la culpa por ser tan estrictos!».

Mi amigo me dijo: «Recuerdo que estaba de pie delante de las ventanas de cristal de mi sala de estar, mirando a la oscuridad exterior, en espera de que ella llegara a casa. Me sentía muy enojado. Quería ser como el padre del hijo pródigo, pero estaba furioso con mi hija por la forma en que nos manipulaba y retorcía el cuchillo en nuestra herida. Por supuesto, se estaba hiriendo más a sí misma que a nadie. Entonces comprendí los pasajes de los profetas donde se expresa la ira de Dios. El pueblo sabía cómo herirlo, y Dios gritaba de dolor.

»Y debo decirle que, cuando mi hija llegó a casa aquella noche, o mejor dicho, a la mañana siguiente, no había en el mundo entero nada que yo quisiera más que tomarla en mis brazos, demostrarle mi amor y decirle que yo quería lo mejor para ella. Era un padre indefenso y enfermo de amor».

Ahora, cada vez que pienso en Dios, me viene a la mente la imagen del padre enfermo de amor, que se halla a mucha distancia de aquel severo monarca que solía imaginarme. Pienso en mi amigo, de pie ante la ventana de cristal, mirando adolorido las tinieblas de afuera. Pienso en la descripción que hace Jesús del Padre que espera, con el corazón adolorido e injuriado y, sin embargo, deseoso, por encima de todo, de perdonar para comenzar de nuevo y poder anunciar con gozo: «Este [...] estaba muerto y ha vuelto a la vida; *estaba* perdido y ha sido hallado».

El Réquiem de Mozart contiene una estrofa maravillosa, la cual he convertido en una oración que hago con una confianza cada vez mayor: «Recuerda, misericordioso Jesús, que soy la causa de tu viaje». Estoy seguro de que él sí lo recuerda.

Capítulo 3

LAS NUEVAS
MATEMÁTICAS
DE LA GRACIA

S egún mi criterio, Judas y Pedro sobresalen como los más matemáticos de los discípulos. Judas debe haber demostrado cierta facilidad para los números; de no ser así, los demás no lo habrían elegido tesorero. Pedro era riguroso con los detalles, siempre tratando de captar el significado exacto de lo que decía Jesús. Además, los evangelios registran que, en una ocasión en que Jesús les arregló una pesca milagrosa, Pedro sacó ciento cincuenta y tres peces grandes. ¿Quién se habría molestado en contar aquel montón de peces dando aletazos, sino un matemático?

Por consiguiente, estaba muy de acuerdo con la personalidad del escrupuloso apóstol Pedro tratar de conseguir una fórmula matemática sobre la gracia. «Señor, ¿cuántas veces pecará mi hermano contra mí que yo haya de perdonarlo?», le preguntó a Jesús. «¿Hasta siete veces?». Pedro habrá creído que su sugerencia era bastante generosa, puesto que los rabinos de su tiempo habían sugerido que tres era el número máximo de veces que se podía esperar que uno perdonara.

«No te digo hasta siete veces, sino hasta setenta veces siete», le contestó Jesús de inmediato. Hay manuscritos donde solo dice «setenta y siete veces», pero poco importa si dijo setenta y siete o cuatrocientas noventa; lo que estaba indicando es que el perdón no es de ese tipo de cosas que se cuentan con un ábaco.

La pregunta de Pedro provocó otra de las incisivas historias de Jesús, esta acerca de un siervo que se las había arreglado para acumular una deuda de varios millones de dólares. El que no es realista que un siervo haya podido acumular una deuda tan inmensa, subraya lo que quiere enseñar Jesús: si se confiscaban la familia del hombre, sus hijos y todas sus propiedades, nada de esto iba a disminuir la deuda. Era imperdonable. Con todo, el rey, movido a compasión, canceló de pronto la deuda y dejó en libertad al siervo.

De repente, cambia la trama. El siervo que acababa de ser perdonado agarra a un compañero que le debe unos cuantos dólares y comienza a ahogarlo. «¡Paga lo que debes!», le exige, y lo mete en la cárcel. En una palabra, aquel codicioso siervo es un *ingrato*.

La razón por la cual Jesús presenta esta parábola con unos detalles tan exagerados se aclara cuando él revela que el rey representa a Dios. Por encima de todo, es esto lo que debe determinar nuestra actitud hacia los demás: una humilde conciencia de que Dios ya nos ha perdonado una deuda tan gigantesca, que junto a ella todo el daño personal que nos hagan es una pequeñez. ¿Cómo es posible que *no* nos perdonemos unos a otros, a la luz de todo lo que Dios nos ha perdonado a nosotros?

C. S. Lewis lo expresa así: «Ser cristiano significa perdonar lo inexcusable, porque Dios ha perdonado lo inexcusable en nosotros». Lewis mismo pudo medir la profundidad del perdón de Dios en un destello de revelación mientras repetía, en el día de San Marcos, estas palabras del Credo de los Apóstoles: «Creo en el perdón de los pecados». Sus pecados habían desaparecido; estaban perdonados. «Esta verdad apareció en mi mente con una luz tan clara que percibí que nunca antes (y eso después de muchas confesiones y absoluciones) lo había creído de todo corazón».

Cuanto más reflexiono en las parábolas de Jesús, más me siento tentado a recuperar la palabra «escandalosas» para describir las matemáticas del evangelio. Creo que Jesús nos hizo estos relatos acerca de la gracia a fin de llamarnos a salir por completo de nuestro mundo de la falta de gracia y del «ojo por ojo» para entrar en el ámbito divino de la gracia infinita. Miroslav Volf lo expresa así: «La economía de la gracia no merecida tiene primacía sobre la economía de los méritos morales».

Desde la guardería infantil se nos está enseñando a triunfar en el mundo de la falta de gracia. Al que madruga, Dios lo ayuda. No hay ganancia sin esfuerzo. Al que lo quiere celeste, que le cueste. Defiende tus derechos. Exige que te den lo que has pagado. Yo conozco estas reglas muy bien porque vivo de acuerdo con ellas. Trabajo para ganar dinero; me gusta triunfar; insisto en mis derechos. Quiero que cada cual reciba lo que se merece; ni más, ni menos.

Sin embargo, si me decido a escuchar, voy a oír que sale del evangelio un fuerte susurro que me dice que no he obtenido lo que me merecía. Merecía el castigo y recibí el perdón. Merecía la ira y recibí amor. Merecía la cárcel del deudor y recibí a cambio un historial con el crédito limpio. Merecía graves sermones y arrepentimiento, arrastrado sobre mis rodillas; recibí un banquete servido especialmente para mí.

En cierto sentido, la gracia le resuelve a Dios un dilema. No hay que leer mucho la Biblia para detectar una tensión subyacente en los sentimientos de Dios hacia la humanidad. Por una parte, nos ama; por otra, nuestra conducta le repugna. Dios suspira por ver reflejado algo de su imagen en los seres humanos; lo más que ve son los fragmentos de esa imagen hecha añicos. Con todo, él no se puede dar por vencido... o no quiere.

Se suele citar con frecuencia un pasaje de Isaías como prueba de que Dios es un ser distante y poderoso:

> Porque mis pensamientos no son vuestros
>   pensamientos,
>   ni vuestros caminos mis caminos —declara el
>   SEÑOR.
> Porque como los cielos son más altos que la tierra,
>   así mis caminos son más altos que vuestros
>   caminos,
>   y mis pensamientos más que vuestros
>   pensamientos.

Sin embargo, en el contexto, lo que Dios está describiendo en realidad es su gran deseo de perdonar. El mismo Dios que creó los cielos y la tierra tiene el poder necesario para trazar un puente sobre el gran abismo que lo separa de sus criaturas. Va a reconciliarse, va a perdonar, cualesquiera que sean los obstáculos que le pongan en el camino sus hijos pródigos. El profeta Miqueas afirma: «No persistirá en su ira para siempre, porque se complace en la misericordia».

Hay ocasiones en que las emociones en conflicto que siente Dios forcejean entre sí en una misma escena. Por ejemplo, en el libro de Oseas, Dios titubea entre los tiernos recuerdos que tiene de su pueblo y sus solemnes amenazas de juicio. «La espada girará contra sus ciudades», advierte sombríamente; entonces, casi en medio de la frase, se le escapa un grito de amor:

> ¿Cómo podré abandonarte, Efraín?
> ¿*Cómo* podré entregarte, Israel? [...]
> Mi corazón se conmueve dentro de mí,
> se enciende toda mi compasión.

«No ejecutaré el furor de mi ira», termina diciendo Dios, «Porque yo soy Dios y no hombre, el Santo en medio de ti, y no vendré con furor». Una vez más, Dios se reserva el derecho de alterar las leyes de la retribución. Aunque Israel se ha ganado por completo su repulsa, no va a recibir lo que se merece. *Yo soy Dios y no hombre*... Dios es capaz de llegar a cualquier extremo, por absurdo que parezca, con tal de recuperar a su familia.

En una asombrosa parábola dramatizada, Dios le indica al profeta Oseas que se case con una mujer llamada Gomer, a fin de ilustrar su amor por Israel. Gomer le da tres hijos a Oseas, y después abandona a su familia para irse a vivir con otro hombre. Por un tiempo, se dedica a la prostitución y, durante ese período, Dios le da a Oseas una orden impactante: «Ve otra vez, ama a una mujer amada por otro y adúltera, así como el SEÑOR ama a los hijos de Israel a pesar de que ellos se vuelven a otros dioses...».

En Oseas, el escándalo de la gracia se convirtió en un verdadero escándalo que fue el comentario de todo el pueblo. ¿Qué pasa por la mente de un hombre cuando su esposa lo trata como Gomer trató a Oseas? Él quería matarla y quería perdonarla. Quería divorciarse y quería reconciliarse. Sentía vergüenza y ternura por ella al mismo tiempo. Aunque fuera absurdo, y contra toda probabilidad, ganó el poder del amor. Oseas, el cornudo, el hazmerreír de la comunidad, recibió de vuelta a su esposa en casa.

Gomer no recibió lo que merecía; ni siquiera se hizo justicia con ella. Lo que recibió fue gracia. Cada vez que leo la historia de este matrimonio —o los discursos de Dios que comienzan con dureza y terminan disolviéndose en lágrimas—, me maravillo ante un Dios que se permite sufrir una humillación así, solo para regresar a buscar más humillación. «¿Cómo podré abandonarte, Efraín? ¿Cómo podré entregarte, Israel?». Sustituya los nombres de Efraín e Israel con el suyo. En el corazón del evangelio se halla un Dios que se rinde deliberadamente ante el poder irresistible y tempestuoso del amor.

Siglos más tarde, un apóstol explicaría esta respuesta de Dios en términos más analíticos: «Pero donde el pecado abundó, sobreabundó la gracia». Pablo sabía mejor que nadie que la gracia nos viene sin merecerla, por iniciativa de Dios y no por la nuestra. Derribado al suelo en el camino a Damasco, nunca se recuperó de la sacudida de la gracia: esta palabra aparece a más tardar en la segunda frase en cada una de sus epístolas. Como dice Frederick Buechner: «La gracia es lo mejor que les puede desear, porque la gracia es lo mejor que él mismo recibiera jamás».

Pablo hablaba constantemente de la gracia porque él sabía lo que nos puede pasar si llegamos a creer que nos hemos ganado el amor de Dios. En los tiempos tenebrosos, si tal vez le fallamos miserablemente a Dios o si sentimos sin razón alguna que nadie nos ama, estaríamos sobre un suelo poco firme. Temeríamos que Dios nos dejara de amar al descubrir la verdad acerca de nosotros. Pablo —que en cierta ocasión dijo de sí mismo: «entre los [pecadores] yo soy el primero»—, sabía más allá de toda duda que Dios nos ama por lo que él es y no por lo que somos nosotros.

Consciente del obvio escándalo de la gracia, Pablo se esfuerza en explicar la forma en que Dios ha hecho las paces con los seres humanos. La gracia nos deja perplejos porque va contra la intuición que tenemos todos de que, cuando se presenta la injusticia, alguien tiene que pagar el precio. Un asesino no puede quedar libre sin más. El que ha abusado de un niño no se puede encoger de hombros y decir: «Tuve ganas de hacerlo». Anticipándose a estas objeciones, Pablo hace notar que se ha pagado ya un precio: Dios mismo lo ha pagado. Dios entregó a su propio Hijo antes que darse por vencido con la humanidad.

La gracia no les cuesta nada a los que la reciben, pero le cuesta todo al que la da. La gracia de Dios no es una exhibición de «bondad» por parte de un abuelo, puesto que costó el exorbitante precio que se pagó en el Calvario. «Solo hay una ley real: la ley del universo», dice Dorothy Sayers. «Se podrá cumplir por la vía del juicio, o por la de la gracia, pero se debe cumplir, de una u otra forma». Al aceptar el juicio sobre su propio cuerpo, Jesús cumplió esa ley, y Dios encontró una forma de perdonar.

En la película *El último emperador*, el niño de corta edad que es ungido como último emperador de China lleva una mágica vida de lujo con mil sirvientes eunucos a su servicio. «¿Qué sucede cuando haces algo malo?», le pregunta su hermano. «Cuando hago algo malo, castigan a otro», le contesta el niño emperador. Para demostrárselo, quiebra un jarrón y golpean a uno de los sirvientes. En la teología cristiana, Jesús invirtió esa antigua pauta: cuando erraron los sirvientes, el castigado fue el rey. La gracia no cuesta nada, únicamente porque el que nos la da ha pagado el precio.

Cuando el famoso teólogo Karl Barth visitó la Universidad de Chicago, los estudiantes y los eruditos lo rodeaban. En una conferencia de prensa, alguien le preguntó: «Doctor Barth, ¿cuál es la verdad más profunda que usted ha aprendido en sus estudios?». Sin titubear, él respondió: «Cristo me ama, me ama a mí; su palabra lo dice». Estoy de acuerdo con Karl Barth. Entonces, ¿por qué actúo con tanta frecuencia como si me estuviera tratando de ganar ese amor? ¿Por qué me cuesta tanto aceptarlo?

Cuando el doctor Bob Smith y Bill Wilson, los fundadores de Alcohólicos Anónimos, concibieron su programa con los doce pasos, visitaron a Bill D., un prominente abogado que había fracasado en ocho programas distintos de desintoxicación en el transcurso de medio año. Atado a una cama de hospital en castigo por haber atacado a dos enfermeras, Bill D. no tuvo más remedio que escuchar a sus visitantes, los que compartieron con él la historia de su propia adicción y la esperanza que habían descubierto recientemente a través de la fe en un poder superior.

Tan pronto como ellos mencionaron ese poder superior, Bill D. sacudió la cabeza tristemente. «No, no», les dijo. «Es demasiado tarde para mí. Sí, aún creo en Dios, pero sé muy bien que es Él quien ya no cree en mí».

Bill D. expresó lo que muchos de nosotros sentimos a veces. Cargados con tantos fracasos repetidos, la pérdida de la esperanza, la sensación de que no valemos nada, nos rodeamos de un caparazón que nos hace casi impenetrables para recibir la gracia. Como los niños en hogares de acogida, que escogen una y otra vez regresar a la familia donde se ha abusado de ellos, nos apartamos obstinadamente de la gracia.

Yo sé cómo me siento cuando recibo cartas de rechazo procedentes de los editores de revistas y cartas de crítica de los lectores. Sé lo alto que se remonta mi espíritu cuando me llega un cheque por concepto de derechos de autor que es más grande de lo que esperaba, y cómo se hunde cuando el cheque es pequeño. Sé que al final del día, la imagen que tenga de mí depende mayormente del tipo de mensajes que haya recibido de los demás. ¿Les caigo bien? ¿Me aman? Espero la respuesta de mis amigos, mis vecinos, mi familia; como un hombre que se muere de hambre, así espero esa respuesta.

De vez en cuando, muy de vez en cuando, palpo la verdad de la gracia. Hay momentos en que estudio las parábolas y comprendo que se refieren a *mí*. Yo soy la oveja que el pastor ha salido a buscar, dejando atrás el rebaño; el pródigo en busca del cual su padre sigue mirando el horizonte; el siervo cuya deuda ha sido perdonada. Soy el amado de Dios.

No hace mucho, recibí en el correo una tarjeta de un amigo, y en ella solo había seis palabras: «Yo soy el que Jesús ama». Sonreí cuando vi el remitente, porque mi extraño amigo se especializa en este tipo de lemas piadosos. Sin embargo, cuando lo llamé, me dijo que el lema procedía del autor y orador Brennan Manning. En un seminario, Manning se refirió al amigo más íntimo que Jesús tuvo en la tierra, el discípulo llamado Juan, identificado en los Evangelios como «el discípulo a quien Jesús amaba». Esto fue lo que dijo: «Si le hubieran preguntado a Juan: "¿Cuál es tu identidad primordial en la vida?", él no habría contestado: "Yo soy uno de los discípulos, un apóstol, un evangelista, el autor de uno de los cuatro Evangelios…", sino más bien: "Yo soy el que Jesús ama"».

Me pregunto qué significaría que yo también llegara a ver mi identidad primordial en la vida como la del que «Jesús ama». ¿Me vería de una forma muy distinta al final del día?

Los sociólogos tienen la teoría del «yo-espejo»: nos convertimos en lo que la persona más importante de nuestra vida (esposa, padre, jefe, etc.) piensa que somos. ¿Cómo me cambiaría la vida si creyera de verdad las sorprendentes palabras de la Biblia acerca del amor que Dios me tiene; si me mirara en el espejo y viera lo que Dios ve?

Brennan Manning relata la historia de un sacerdote irlandés que, mientras recorre a pie una parroquia rural, ve a un anciano campesino arrodillado junto al camino, orando. Impresionado, el sacerdote le dice al hombre: «Usted debe estar muy cerca de Dios». El campesino interrumpe su oración, lo mira, piensa un momento y después sonríe mientras le dice: «Sí, yo le caigo muy bien».

Los teólogos nos dicen que Dios existe fuera del tiempo. Él creó el tiempo, como el artista que escoge el material con el que va a trabajar, y no está atado a él. Ve el futuro y el pasado en una especie de presente eterno. Si están en lo cierto en cuanto a esa cualidad de Dios, los teólogos han ayudado a explicar cómo es posible que él pueda llamar «bienamado» a alguien tan inconstante, veleidoso y temperamental como yo. Cuando Dios contempla la gráfica de mi vida, no ve los numerosos zigzags hacia el bien y el mal, sino más bien una línea continua de bien: la bondad de su Hijo, capturada en un momento del tiempo y aplicada para toda la eternidad.

Así lo expresó John Donne, poeta del siglo diecisiete:

> Porque en el Libro de la Vida, el nombre de María Magdalena, a pesar de toda su ligereza, fue escrito tan pronto como el nombre de la virgen bendita, con toda su integridad; y el nombre de San Pablo, quien usó la espada contra Cristo, tan pronto como el de San Pedro, quien la sacó para defenderlo: porque el Libro de la Vida no fue escrito de manera sucesiva, palabra tras palabra y línea tras línea, sino que fue entregado ya impreso, todo al mismo tiempo.

Yo crecí con la imagen de un Dios matemático que pesaba mis obras buenas y malas en una balanza, y siempre me encontraba en falta. Por alguna razón, no había hallado al Dios de los Evangelios, un Dios de misericordia y generosidad que está encontrando continuamente formas de hacer añicos las implacables leyes de la falta de gracia. Dios rompe las tablas matemáticas e introduce las nuevas matemáticas de la *gracia*, la palabra más sorprendente, transformadora y de final inesperado que existe en nuestra lengua.

La gracia hace su aparición de tantas formas, que me ha costado trabajo definirla. No obstante, estoy preparado para intentar algo que se parezca a una definición de la gracia con relación a Dios. «Gracia» *significa que no hay nada que podamos hacer para que Dios nos ame más*; ninguna cantidad de calistenia espiritual y de renunciamiento, ni de conocimiento adquirido en cursillos y seminarios, ni de ardua labor a favor de causas justas. «Gracia» *significa también que no hay nada que podamos hacer para que Dios nos ame menos*; ninguna cantidad de racismo, orgullo, pornografía, adulterio o incluso asesinatos. La gracia significa que él ya nos ama tanto como un Dios infinito es capaz de amar.

Hay una cura muy sencilla para la gente que duda del amor de Dios y pone en tela de juicio su gracia: ir a la Biblia y examinar cuál es la clase de gente que Dios ama. Jacob, que se atrevió a luchar contra él, e incluso después llevó siempre una herida procedente de aquella lucha, se convirtió en el epónimo del pueblo de Dios, «los hijos de Israel». La Biblia nos habla de un asesino y adúltero que se ganó la reputación de haber sido el rey más grande del Antiguo Testamento, un «varón conforme a su corazón». Y de una iglesia cuyo líder era un discípulo que había maldecido y jurado no haber conocido nunca a Jesús. Y de un misionero reclutado de las filas de los torturadores de cristianos. Yo recibo la correspondencia de Amnistía Internacional, y cuando miro las fotos que envían de hombres y mujeres que han sido golpeados, aguijoneados, acuchillados, escupidos y electrocutados, me pregunto: «¿Qué clase de ser humano es capaz de hacerle esto a otro ser humano?». Entonces leo el libro de Hechos y me encuentro con el tipo de persona que ha sido capaz de todo eso, convertido ahora en un apóstol de la gracia, en un siervo de Jesucristo, en el misionero más grande que ha conocido la historia. Si Dios puede amar a una persona así, tal vez sea posible que ame a alguien como yo.

No puedo moderar mi definición de la gracia porque la Biblia me obliga a hacerla tan amplia como sea posible. Dios es «el Dios de toda gracia», en palabras del apóstol Pedro. Y «gracia» significa que no puedo hacer nada para que Dios me ame más, y que nada de cuanto yo haga puede lograr que él me ame menos. Significa que, a pesar de que me merezco lo opuesto, estoy invitado a ocupar mi lugar en la mesa de la familia de Dios.

Capítulo 4

LA CADENA CONTINUA

Daisy nació en 1898, en el seno de una familia obrera de Chicago. Era la octava de diez hijos. El padre apenas ganaba lo suficiente para alimentarlos a todos y, cuando comenzó a beber, el dinero se hizo mucho más escaso. Daisy, que se acerca ya a los cien años de edad en el momento de escribir yo esto, se estremece aún cuando habla de aquellos días Su padre era un «borracho malvado», dice. Ella se solía refugiar sollozando en un rincón, mientras él arrastraba a patadas a su hermano y su hermana más pequeños por todo el piso de linóleo. Lo odiaba con todo el corazón.

Un día, el padre declaró que quería que su esposa se marchara de la casa antes del mediodía. Los diez niños rodearon a su madre, agarrados a su falda y gritando: «¡No, no te vayas!». Pero su padre no se retractó. Abrazada a sus hermanos y hermanas en busca de apoyo, Daisy vio por el ventanal cómo su madre caminaba por la acera, con los hombros caídos y una maleta en cada mano, haciéndose cada vez más pequeña, hasta desaparecer por fin de su vista.

Algunos de los hijos terminaron reuniéndose con su madre, mientras que otros fueron a vivir con parientes. A

Daisy le tocó quedarse con su padre. Creció con un fuerte nudo de amargura por dentro, un tumor de odio por lo que él le había hecho a la familia. Todos los hermanos dejaron la escuela antes de tiempo para buscarse un trabajo o enrolarse en el ejército. Después se fueron mudando a otras ciudades uno por uno. Se casaron, hicieron familia y trataron de dejar atrás el pasado. El padre desapareció; nadie sabía dónde, y a nadie le importaba.

Muchos años más tarde, para sorpresa de todos, el padre volvió a aparecer. Había salido a flote después de tocar fondo, dijo. Borracho y con frío, había acertado a entrar en una misión de rescate del Ejército de Salvación. Para que le dieran un boleto de comida, tenía que asistir primero a un culto de adoración. Cuando el orador preguntó si alguien quería aceptar a Jesús, él pensó que por educación debía pasar al frente junto con otros borrachos. Cuando la «oración del pecador» funcionó de verdad, él fue el más sorprendido de todos. Los demonios que llevaba dentro se tranquilizaron. Volvió a estar sobrio. Comenzó a estudiar la Biblia y a orar. Por vez primera en su vida, sintió que lo amaban y aceptaban. Se sintió limpio.

Y ahora, les dijo a sus hijos, los estaba buscando uno por uno, para pedirles perdón. No podía defenderse de nada de lo que había sucedido. No podía enderezarlo. Pero lo sentía; lo sentía mucho más de lo que ellos se podían imaginar.

Los hijos, ya de mediana edad y cada cual con su propia familia, se sintieron escépticos al principio. Algunos dudaron de su sinceridad, esperando que volviera a las andadas en cualquier momento. Otros se imaginaron que pronto les pediría dinero. No pasó ninguna de las dos cosas y, con el tiempo, el padre los convenció a todos, menos a Daisy.

Mucho tiempo antes, Daisy había jurado que nunca le hablaría a su padre de nuevo; lo llamaba «ese hombre». La reaparición del padre la sacudió fuertemente, y los viejos recuerdos de sus arrebatos de borracho la inundaban mientras estaba acostada en su cama por la noche. «No es posible que deshaga todo eso solo con decir "lo siento"», insistía Daisy. No quería saber nada de él.

Aunque su padre había dejado de beber, el alcohol le había dañado el hígado sin posibilidad de curación. Se puso muy enfermo y durante los últimos cinco años de su vida estuvo con una de sus hijas, una hermana de Daisy. De hecho, vivían a ocho puertas de Daisy, en la misma hilera de casas. Daisy, fiel a su juramento, no fue ni una sola vez a visitar a su padre moribundo, a pesar de que pasaba junto a su casa cada vez que iba a comprar víveres o a tomar un ómnibus.

En cambio, sí autorizó a sus hijos para que visitaran al abuelo. Cuando se acercaba el fin, el padre vio a una niña pequeña que llegó hasta su puerta y entró. «Oh Daisy, Daisy, por fin has venido», dijo llorando, tomándola en sus brazos. Los adultos que estaban en el cuarto no se atrevieron a decirle que aquella niña no era Daisy, sino su nieta Margaret. Era una alucinación misericordiosa.

Toda su vida, Daisy estaba decidida a no ser como su padre y, de hecho, nunca tocó una gota de alcohol. Sin embargo, gobernaba a su propia familia con una forma más suave de la misma tiranía bajo la cual se había criado. Se solía acostar en un sofá con una bolsa de hielo sobre la cabeza y les gritaba a los niños que se callaran.

«A fin de cuentas, ¿por qué los tuve a ustedes, niños tontos?», solía gritar. «¡Me han echado a perder la vida!». Eran los tiempos de la Gran Depresión, y cada niño era una boca más que alimentar. Tuvo seis en total, y los crio en la casita de dos habitaciones donde todavía vive. En un lugar tan pequeño, siempre parecían estar unos encima de otros. Algunas noches, los golpeaba a todos, solo para que entendieran una cosa: ella sabía que habían hecho algo malo, aunque no los había atrapado.

Inflexible como el acero, Daisy nunca pedía perdón ni perdonaba. Su hija Margaret recuerda cuando era niña y acudió a ella llorando para pedir perdón por algo que había hecho. Daisy le respondió como quien dispara una bala: «¡Imposible que estés arrepentida! Si lo sintieras de verdad, habrías comenzado por no hacerlo».

Margaret, a la que conozco muy bien, me ha contado muchas historias de falta de gracia. Toda su vida ha estado decidida a ser diferente a su madre. Sin embargo, la vida de Margaret ha tenido sus propias tragedias; unas grandes y otras pequeñas, y cuando sus cuatro hijos entraron en la adolescencia, sintió que estaba perdiendo el control sobre ellos. Entonces, al igual que su madre, quiso acostarse en el sofá con una bolsa de hielo y gritar: «¡Ya cállense!». También quiso darles una paliza solo para que entendieran algo o tal vez para liberar un poco de la tensión que se agazapaba dentro de ella.

Su hijo Michael, que cumplió dieciséis años en la década de los sesenta, era el que más la irritaba. Escuchaba rocanrol, usaba «gafas de anciana» y se había dejado el pelo largo. Margaret lo sacó de la casa cuando lo sorprendió fumando marihuana, y él pasó a vivir en una comuna de *hippies*. Ella lo siguió amenazando y regañando. Lo acusó ante un juez. Lo desheredó. Intentó todo lo que se le ocurrió, pero nada resultaba con Michael. Las palabras que le lanzaba volvían a caer, inútiles, hasta que por fin un día, dijo en un arrebato de ira: «No te quiero volver a ver mientras viva». Eso sucedió hace veintiséis años, y no lo ha vuelto a ver desde entonces.

Michael es también un buen amigo mío. Durante estos veintiséis años, he intentado varias veces lograr algún tipo de reconciliación entre ambos, y todas las veces me he tenido que enfrentar de nuevo con el terrible poder de la falta de gracia. En una ocasión, le pregunté a Margaret si se lamentaba de algo que le hubiera dicho a su hijo; si le habría gustado retractarse de algo de lo expresado. Ella se volvió hacia mí en un ardiente destello de ira, como si yo fuera el propio Michael. «No sé por qué Dios no se lo llevó hace tiempo, con todas las cosas que ha hecho», me dijo, con una mirada salvaje y terrible.

Su insolente furia me agarró por sorpresa y me quedé mirándola por un minuto: los puños cerrados, la cara congestionada y una serie de pequeños músculos crispados alrededor de los ojos. «¿Quieres decir que quisieras ver muerto a tu propio hijo?», le pregunté al fin. Nunca me respondió.

Michael salió de la década de los sesenta más tranquilo, con la mente embotada por el LSD. Se mudó a Hawái, donde vivió con una mujer, la dejó, probó vivir con otra, la dejó también y después se casó. «Sue es la que vale», me dijo una vez que lo visité. «Esta va a durar».

No duró. Recuerdo una conversación telefónica con Michael, interrumpida por esa molesta función tecnológica conocida como «llamada en espera». Se oyó un pequeño clic en la línea y Michael me dijo: «Perdóname un segundo». Entonces me dejó por lo menos cuatro minutos con un teléfono silencioso en la mano. Cuando me volvió a hablar, se excusó. Tenía un humor más sombrío. «Era Sue», me dijo. «Estamos llegando a un acuerdo en las últimas cuestiones económicas del divorcio».

«No sabía que aún estuvieras en contacto con Sue», le dije, por decir algo.

«¡No lo estoy!», señaló él de pronto, usando casi el mismo tono que le había escuchado a su madre. «Y espero no volverla a ver más en toda mi vida».

Ambos permanecimos en silencio por un largo tiempo. Acabábamos de estar hablando de Margaret y, aunque yo no dije nada, me pareció que Michael había reconocido en su propia voz el tono de voz de su madre, que en realidad era el de la madre de ella, y se remontaba a lo que había sucedido en una casita de Chicago casi un siglo atrás.

Como si se tratara de un defecto espiritual codificado en el ADN de la familia, la falta de gracia va pasando de una generación a otra, en una especie de cadena continua.

L a falta de gracia realiza su obra de manera silenciosa y letal, como un gas venenoso e indetectable. Un padre que muere sin ser perdonado. Una madre que una vez llevó a un hijo en su propio seno y, durante la mitad de la vida de ese hijo, no ha hablado con él. La toxina va haciendo daño de generación en generación.

Margaret es una cristiana consagrada; estudia la Biblia todos los días. Una vez le hablé sobre la parábola del hijo pródigo. «¿Cómo interpretas esa parábola?», le pregunté. «¿Comprendes su mensaje de perdón?».

Es evidente que ella había pensado sobre este asunto porque me contestó sin titubear que la parábola aparece en Lucas 15 como la tercera en una serie de tres: la moneda perdida, la oveja perdida y el hijo perdido. Me dijo que todo lo que pretende la del hijo pródigo es demostrar que los seres humanos son diferentes a los objetos inanimados (las monedas) y a los animales (las ovejas). «Las personas tienen libre albedrío», me dijo. «Tienen que ser moralmente responsables. Ese muchacho tenía que regresar arrastrándose sobre sus rodillas. Tenía que arrepentirse. Eso es lo que quiso decir Jesús».

Eso no es lo que quiso decir Jesús, Margaret. Los tres relatos insisten en el gozo *del que halla*. Cierto; el pródigo regresó a casa por decisión propia, pero está claro que el enfoque central del relato se encuentra en el exorbitante amor del padre: «Y cuando todavía estaba lejos, su padre lo vio y sintió compasión *por él*, y corrió, se echó sobre su cuello y lo besó». Cuando el hijo trata de arrepentirse, el padre le interrumpe el discurso que tenía preparado, para echar a andar la celebración.

En una ocasión, un misionero les leyó esta parábola a un grupo de aldeanos del Líbano que vivían en una cultura muy similar a la descrita por Jesús y que nunca habían oído ese relato. «¿Qué les llama la atención?», les preguntó. Había dos detalles de aquel relato que les habían llamado la atención a los aldeanos. El primero, que el hijo, al reclamar antes de tiempo su herencia, le estaba diciendo al padre: «¡Quisiera que estuvieras muerto!». Aquellos aldeanos no se podían imaginar a un patriarca que soportara un insulto así o que aceptara las exigencias de su hijo. El segundo, que el padre corrió para recibir al hijo tanto tiempo perdido. En el Oriente Medio, los hombres de posición caminan con lentitud y solemne dignidad; nunca corren. En este relato, el padre corre, y no hay duda de que los oyentes de Jesús contuvieron la respiración al escuchar este detalle.

La gracia es injusta, y ese es uno de los aspectos más difíciles con respecto a ella. No es razonable esperar que una mujer perdone las cosas terribles que le ha hecho su padre, solo porque él le pida perdón muchos años después, y es totalmente injusto que una madre pase por alto los numerosos delitos cometidos por su hijo adolescente. Sin embargo, la gracia no tiene que ver nada con la equidad.

Lo que decimos de las familias, también lo podemos decir de las tribus, las razas y las naciones.

Capítulo 5

UN ACTO ANTINATURAL

La falta de gracia sigue sonando, como una está-tica de fondo, en la vida de las familias, las naciones y las instituciones. Lamentablemente, es nuestro estado humano natural.

En cierta ocasión, compartí una comida con dos cien-tíficos que acababan de salir de la biosfera de vidrio que hay cerca de Tucson, estado de Arizona. Cuatro hombres y cuatro mujeres se habían ofrecido de voluntarios para este experimento de aislamiento. Todos eran científicos reco-nocidos, habían pasado por baterías de tests psicológicos y se habían preparado, y todos habían entrado a la biosfera plenamente informados acerca de los rigores con los que se enfrentarían mientras estuvieran apartados del mundo exte-rior. Estos científicos me dijeron que, en cuestión de meses, los ocho «bionautas» se habían dividido en dos grupos de cuatro y, durante los meses finales del experimento, los dos grupos se negaban a hablar entre sí. Ocho personas vivían en una burbuja dividida por el medio a causa de un muro invisible de falta de gracia.

Frank Reed, ciudadano estadounidense retenido como rehén en el Líbano, reveló al ser liberado que no le había hablado a otro de los rehenes durante varios meses, después de una desavenencia leve. La mayor parte de aquel tiempo, los dos rehenes enemistados habían estado encadenados uno al otro.

La falta de gracia hace que se resquebraje la unión entre madre e hija, padre e hijo, hermano y hermana, científicos, prisioneros, tribus y razas. Esas grietas, si no se atienden, se ensanchan, y para los abismos de falta de gracia que producen solo existe un remedio: el frágil puente de sogas del perdón.

En medio de una discusión, mi esposa hizo una aguda formulación teológica. Estábamos comentando mis defectos de una manera más bien enérgica, cuando ella me dijo: «¡Me parece bastante asombroso que yo te perdone alguna de las vilezas que me has hecho!».

Puesto que estoy escribiendo acerca del perdón, y no del pecado, voy a omitir los sabrosos detalles de esas vilezas. Lo que me impresionó de su comentario fue más bien su aguda comprensión de la naturaleza del perdón. No es un dulce ideal platónico que se puede esparcir por el mundo, como quien rocía un ambientador por la habitación. El perdón es dolorosamente difícil y, mucho después de haber perdonado, la herida —mis vilezas— sigue abierta en la memoria. El perdón es un acto antinatural, y mi esposa estaba protestando contra su escandalosa injusticia.

Un relato del libro de Génesis capta un sentimiento muy similar. Cuando yo era niño y escuché la historia en la escuela dominical, no pude comprender los giros y matices que hay en el relato de la reconciliación de José con sus hermanos. En un momento, actuó con dureza metiéndolos en la cárcel; al momento siguiente, parece haberse sentido inundado por el pesar y salió de la habitación para llorar a lágrima viva como un borracho. Les hizo jugarretas, escondió dinero en sus sacos de cereal, capturó a uno como rehén y acusó a otro de robarle su copa de plata. Durante meses, tal vez años, siguieron aquellas intrigas, hasta que por fin, no se pudo seguir conteniendo. Convocó a sus hermanos y los perdonó de forma dramática.

Ahora veo esta historia como una descripción realista del acto innatural del perdón. José luchaba por perdonar a unos hermanos que eran los mismos que lo habían atropellado, habían perpetrado planes para asesinarlo y lo habían vendido como esclavo. Por culpa de ellos pasó los mejores años de su juventud pudriéndose en una mazmorra egipcia. Aunque salió de allí triunfante sobre la adversidad, y aunque después quería perdonarlos con todo el corazón, no era capaz de llegar a ese punto; todavía no lo era. La herida le seguía doliendo demasiado.

Considero que Génesis 42–45 es la forma en que José les dice: «¡Me parece bastante asombroso que yo les perdone alguna de las vilezas que me han hecho!». Cuando la gracia logró por fin abrirse paso hasta José, su angustia y su amor resonaron en todo el palacio. *¿Qué es ese gemido? ¿Está enfermo el primer ministro del rey?* No; José estaba muy bien de salud. Era el sonido de un hombre que estaba perdonando.

Detrás de cada acto de perdón se halla la herida de una traición, y el dolor que deja una traición no se desvanece con facilidad. León Tolstói pensó que le estaba dando un buen comienzo a su matrimonio cuando le pidió a Sonia, su prometida adolescente, que leyera sus diarios, donde explicaba con sórdido lujo de detalles todas sus andanzas amorosas. No quería tener secretos con ella; quería comenzar su matrimonio con un expediente limpio, perdonado. En lugar de suceder esto, la confesión de Tolstói sembró las semillas de un matrimonio que estaría atado con lazos de odio y no de amor.

«Cuando él me besa, siempre pienso: "No soy la primera mujer que él ha amado"», escribió Sonia Tolstói en su propio diario. Ella le podía perdonar algunas de sus aventuras de adolescente, pero no su relación con Axinya, una campesina que seguía trabajando en las propiedades de Tolstói.

«Uno de estos días, me voy a matar por celos», escribió Sonia después de ver al hijo de tres años de aquella campesina, que era la imagen misma de su esposo. «Si lo pudiera matar a él [a Tolstói] y crear una nueva persona exactamente igual a como es ahora, lo haría de inmediato».

Otra anotación de su diario tiene fecha del 14 de enero de 1909: «Le gusta esa atrevida campesina, con su macizo cuerpo femenino y sus piernas quemadas por el sol; lo atrae hoy de manera tan poderosa como lo ha atraído hace tantos años...». Sonia escribió esas palabras siendo Axinya una encogida anciana de ochenta años. Durante medio siglo, el celo y la falta de perdón la habían cegado, destruyendo al mismo tiempo todo su amor por su esposo.

Contra un poder tan malévolo, ¿qué posibilidades quedan para la respuesta cristiana? El perdón es un acto antinatural: Sonia Tolstói, José y mi esposa expresaron esta verdad como por instinto.

El público y yo sabemos lo que aprenden todos los niños en la escuela: al que se le hace un mal, responde con otro mal.

W. H. Auden escribió estos versos porque comprendía que la ley de la naturaleza no admite el perdón. ¿Perdonan las ardillas a los gatos por cazarlos árbol arriba, o los delfines a los tiburones por comerse a sus compañeros de juego? Este es un mundo donde los perros se comen unos a otros; no donde se perdonan. En cuanto a la especie humana, nuestras principales instituciones —económicas, políticas e incluso atléticas— funcionan sobre el mismo principio inflexible. El árbitro nunca anuncia: «En realidad estabas fuera de juego, pero debido a tu espíritu ejemplar, te voy a declarar dentro». O bien, ¿qué nación les responde a sus beligerantes vecinos con esta proclamación: «Tienen razón; hemos violado sus fronteras. Les rogamos que nos perdonen»?

El sabor mismo del perdón da la impresión de que algo no anda bien. Incluso después de haber hecho algo malo, queremos ganarnos el regreso de la aceptación de la persona herida. Preferimos arrastrarnos de rodillas, revolcarnos en el suelo, hacer penitencia, matar un cordero... y, con frecuencia, a eso nos obliga la religión. Cuando Enrique IV, emperador del Sacro Imperio Romano Germánico, decidió pedir el perdón del papa Gregorio VII en 1077, permaneció descalzo en la nieve durante tres días en las afueras del castillo papal en Italia. Es probable que, al irse, Enrique sintiera satisfacción llevando las huellas de los puntos de congelación como los estigmas de su perdón.

«A pesar de un centenar de sermones sobre el perdón, no perdonamos con facilidad, ni nos parece que sea fácil que nos perdonen a nosotros. Así descubrimos que el perdón siempre es más difícil que como lo describen los sermones», escribe Elizabeth O'Connor. Atendemos nuestras heridas, nos vamos a elaborados extremos para justificar nuestra conducta, perpetuamos pleitos de familia, nos castigamos a nosotros mismos, castigamos a los demás; todo con el fin de evitar ese acto tan antinatural.

En una visita a Bath, Inglaterra, vi una reacción más natural ante las injusticias. En las ruinas romanas que hay allí, los arqueólogos han descubierto diversas «maldiciones» escritas en latín sobre placas de latón o de bronce. Hace siglos, los que usaban esos baños lanzaban en ellos estas oraciones como ofrendas a los dioses del baño, así como hay gente hoy que lanza monedas en las fuentes para tener buena suerte. En una, alguien le pedía ayuda a una diosa en una venganza de sangre contra el que fuera que le había robado sus seis monedas. Otra decía: «Docímedes ha perdido dos guantes. Él pide que la persona que se los robó se vuelva loca y pierda los ojos en el templo donde la diosa indique».

Mientras miraba aquellas inscripciones en latín y leía su traducción, me di cuenta de que las oraciones tenían sentido. ¿Por qué no emplear el poder de los dioses para que nos ayuden a ejecutar justicia humana aquí en la tierra? Muchos de los salmos expresan el mismo sentimiento, y le imploran a Dios que ayude a vengar alguna injusticia. «Señor, si no me puedes hacer delgada, entonces haz que mis amigas se vean gordas», pedía en una ocasión la humorista Erma Bombeck. ¿Podría haber algo más humano?

En lugar de esto, dando un asombroso giro, Jesús nos ordena que digamos: «Y perdónanos nuestras deudas, como también nosotros hemos perdonado a nuestros deudores». En el centro del padrenuestro, con el que Jesús nos enseñó a orar, se oculta el acto antinatural del perdón. Los bañistas romanos les pedían a sus dioses que favorecieran la justicia humana; Jesús hizo depender el perdón de Dios de que nosotros estuviéramos dispuestos a perdonar las injusticias.

Charles Williams dice acerca del padrenuestro: «No hay palabra en el idioma que lleve en sí una posibilidad mayor de terror que la pequeña palabra "como" que aparece en esa cláusula». ¿Qué hace tan aterrador ese «como»? Jesús ata llanamente el perdón que recibimos del Padre al perdón que les concedamos a los demás seres humanos. Su siguiente observación no habría podido ser más explícita: «Pero si no perdonáis a los hombres, tampoco vuestro Padre perdonará vuestras transgresiones». Definitivamente es la gracia puesta en práctica.

Una cosa es verse atrapado en un ciclo de falta de gracia con un cónyuge o un socio, y otra muy distinta verse atrapado en un ciclo así con el Dios todopoderoso. No obstante, el padrenuestro une ambas cosas: cuando nosotros nos permitamos escapar, romper el ciclo y comenzar de nuevo, Dios se permitirá también escapar, romper el ciclo y comenzar de nuevo.

John Dryden escribió sobre los serios efectos de esta verdad. «Se han escrito más libelos en mi contra que contra ningún otro hombre del presente», protestaba, y se preparaba para fustigar a sus enemigos. Sin embargo, «pensar en esto me ha hecho reflexionar con frecuencia, mientras repetía el padrenuestro, porque está claro que la condición para recibir el perdón por el que suplicamos es que les perdonemos a los demás las ofensas que nos hayan hecho; por esta razón, muchas veces he evitado cometer esa falta, aun en momentos en que ha sido notorio que me han provocado».

Dryden tenía razón para temblar. En un mundo que funciona según las leyes de la falta de gracia, Jesús pide —no; exige— una respuesta de perdón. Es tan urgente la necesidad de perdón que va por delante de los deberes «religiosos»: «Por tanto, si estás presentando tu ofrenda en el altar, y allí te acuerdas que tu hermano tiene algo contra ti, deja tu ofrenda allí delante del altar, y ve, reconcíliate primero con tu hermano, y entonces ven y presenta tu ofrenda».

La parábola del siervo que no perdonó termina con una escena en la cual el amo lo entrega a los carceleros para que lo torturen. «Así también mi Padre celestial hará con vosotros si no perdonáis de todo corazón cada uno a su hermano», dice Jesús. Habría deseado ardientemente que estas palabras no estuvieran en la Biblia, pero están, y salieron de los labios del propio Cristo. Dios nos ha concedido una capacidad terrible: al negarles el perdón a los demás, en realidad estamos decidiendo que no son dignos del perdón de Dios y, por tanto, no lo somos nosotros tampoco. De alguna forma misteriosa, el perdón divino depende de nosotros.

Shakespeare lo expresó de forma sucinta en *El mercader de Venecia*: «¿Cómo puedes esperar misericordia, si tú no tienes ninguna?».

Tony Campolo les pregunta a veces a los estudiantes de las universidades seculares qué saben acerca de Jesús.

¿Pueden recordar algo de lo que él dijo? En claro consenso responden: «Ama a tus enemigos». Esta enseñanza de Cristo se destaca para los incrédulos con más fuerza que ninguna otra. Tal actitud es antinatural y quizás hasta suicida. Ya es bastante duro perdonar a unos hermanos malvados, como lo hizo José, pero... ¿a nuestros enemigos? ¿A la banda de delincuentes del barrio? ¿A los iraníes? ¿A los traficantes de drogas que envenenan a nuestra sociedad?

Muchos moralistas preferirían estar de acuerdo con el filósofo Emanuel Kant, quien sostenía que solo se podía perdonar a una persona si ella lo merecía. Sin embargo, la palabra *perdón* contiene la palabra *don*, o regalo. Al igual que la gracia, el perdón tiene en sí la enloquecedora cualidad de ser inmerecido, no ganado, injusto.

¿Por qué nos exige Dios un acto antinatural que desafía todos nuestros instintos primarios? ¿Qué hace tan importante el perdón, que lo convierte en algo central para nuestra fe? A partir de mi experiencia de persona perdonada muchas veces y que de vez en cuando perdona, puedo sugerir varias razones. La primera es teológica.

Los evangelios nos dan una franca respuesta teológica a la pregunta sobre por qué Dios nos ordena perdonar: porque así es él. Cuando Jesús expresó por vez primera el mandato «Amad a vuestros enemigos», le añadió esta explicación: «para que seáis hijos de vuestro Padre que está en los cielos; porque Él hace salir su sol sobre malos y buenos, y llover sobre justos e injustos».

Cualquiera puede amar a sus amigos y parientes, dice Jesús: «¿No hacen también lo mismo los gentiles?». Los hijos del Padre han sido llamados a una ley superior, para que se parezcan a ese Padre que perdona. Hemos sido llamados a ser como Dios; a manifestar en nosotros el aire de familia.

Dietrich Bonhoeffer, que tuvo que luchar con el mandato de amar a los enemigos mientras era perseguido en la Alemania nazi, llegó por fin a la conclusión de que es esta misma cualidad de «lo singular... lo extraordinario, lo desusado» la que distingue al cristiano de los demás. Aun cuando trabajaba por socavar el régimen, seguía el mandato de Jesús de orar por quienes nos persiguen. Escribió:

> Por medio de la oración, vamos hasta nuestro enemigo, nos mantenemos junto a él y rogamos a Dios por él. Jesús no nos promete que, cuando bendigamos a nuestros enemigos y les hagamos el bien, ellos no nos van a usar y perseguir despreciativamente. Por supuesto que lo harán. Sin embargo, ni siquiera eso nos puede herir ni vencer, mientras oremos por ellos… Somos sustitutos que hacemos por ellos lo que no pueden hacer por sí mismos.

¿Por qué se esforzaba Bonhoeffer en amar a sus enemigos y orar por aquellos que lo perseguían? Solo tenía una respuesta: «Dios ama a sus enemigos; esa es la gloria de su amor, como sabe todo seguidor de Jesús». Si Dios perdonó nuestras deudas, ¿por qué no podemos nosotros hacer lo mismo?

De nuevo nos viene a la mente la parábola del siervo que no perdonó. Ese siervo tenía todo el derecho a molestarse porque su consiervo le debía un poco de dinero. Según las leyes de la justicia romana, tenía derecho a meterlo en la cárcel. Jesús no discutió sobre lo que el siervo había perdido, sino que comparó esa pérdida con la de un señor [Dios] que le acababa de perdonar al siervo varios millones de dólares. Solo la experiencia de ser perdonado es la que hace posible que perdonemos.

Tuve un amigo (fallecido ya) que trabajó muchos años como miembro del personal de la Universidad de Wheaton, durante los cuales escuchó varios miles de mensajes en los cultos diarios. Con el tiempo, la mayoría de ellos se desvanecieron hasta convertirse en algo borroso y fácil de olvidar, pero hubo algunos que se destacaron. En particular, le encantaba contar la historia de Sam Moffat, profesor del Seminario Princeton, que había estado en China como misionero. Moffat les hizo a los estudiantes de Wheaton un cautivante relato sobre su huida de los comunistas que lo perseguían. Estos decomisaron su casa y todas sus posesiones, quemaron los edificios de la misión y mataron a algunos de sus mejores amigos. Su propia familia escapó a duras penas. Al salir de China, llevaba consigo un profundo resentimiento contra los seguidores del presidente Mao, resentimiento que se fue ramificando dentro de él. Finalmente, les dijo a los estudiantes de Wheaton, se enfrentó con una extraña crisis de fe. «Me di cuenta», dijo Moffat, «de que si no perdono a los comunistas, entonces carezco por completo de mensaje».

El evangelio de la gracia comienza y termina en el perdón. La gente escribe himnos con títulos como el de *Sublime gracia*, por una razón: la gracia es la única fuerza del universo con el poder suficiente para romper las cadenas que esclavizan a las generaciones. Solo la gracia puede derretir la falta de gracia.

Un fin de semana estuve sentado con diez judíos, diez cristianos y diez musulmanes, en una especie de grupo de encuentro dirigido por el autor y psiquiatra M. Scott Peck, que tenía la esperanza de que aquel fin de semana pudiera llevar a alguna especie de comunidad o, al menos, al principio de una reconciliación en pequeña escala. No fue así. Aquellas personas tan cultas y bien educadas estuvieron a punto de irse a los puños. Los judíos hablaron de todas las cosas horribles que les habían hecho los cristianos. Los musulmanes hablaron de todas las cosas horribles que les habían hecho los judíos. Nosotros, los cristianos, tratamos de hablar de nuestros propios problemas, pero estos palidecían en contraste con las historias del Holocausto y de los apuros de los refugiados palestinos, así que mayormente nos hicimos a un lado y escuchamos mientras los otros dos grupos hacían un recuento de las injusticias de la historia.

En cierto momento, una mujer judía muy elocuente, que había estado activa en intentos anteriores por lograr una reconciliación con los árabes, se volvió hacia los cristianos y nos dijo: «Me parece que los judíos tenemos mucho que aprender de ustedes los cristianos en cuanto al perdón. No veo otra forma de salir de estos enredos. Y sin embargo, parece tan poco equitativo perdonar las injusticias. Me siento atrapada entre el perdón y la justicia».

Aquel fin de semana recordé una ocasión en que tropecé con estas palabras de Helmut Thielicke, un alemán que vivió todos los horrores del nazismo:

Esta cuestión del perdón no tiene nada de simple [...]. Decimos: «Muy bien, si el otro está arrepentido y me pide perdón, lo voy a perdonar; entonces cederé». Convertimos el perdón en una ley de reciprocidad. Y esto no funciona nunca. Porque

entonces ambos nos decimos: «El otro es el que
tiene que dar el primer paso». Después, vigilo
como un halcón, para ver si la otra persona me
hace alguna señal con los ojos o si puedo detectar
entre las líneas de su carta alguna pequeña pista
que manifieste que está arrepentida. Siempre me
hallo a punto de perdonar [...], pero nunca perdono.
Soy demasiado justo.

Thielicke llega a la conclusión de que el único remedio
es darnos cuenta de que Dios ha perdonado nuestros pecados y nos ha dado otra oportunidad: la lección de la parábola
del siervo que no perdonó. Romper el ciclo de la falta de
gracia significa *tomar la iniciativa*. En lugar de esperar a
que su prójimo diera el primer paso, era él quien debía darlo,
desafiando la ley natural de la retribución y la equidad. Solo
lo hizo cuando se dio cuenta de que la iniciativa de Dios
se hallaba en el corazón mismo del evangelio que él había
estado predicando sin practicar.

En el centro de las parábolas de Jesús sobre la gracia se
halla un Dios que toma la iniciativa para acercarse a nosotros: un padre enfermo de amor que corre a encontrarse
con el pródigo; un señor que cancela una deuda demasiado
grande para que su siervo se la pueda pagar; un patrono que
les paga a los obreros de última hora lo mismo que a los que
han trabajado todo el día; un hombre que da un banquete y
sale a los caminos y las calles en busca de unos huéspedes
que no merecen serlo.

Dios hizo añicos la inexorable ley del pecado y la retribución al invadir la tierra, absorbiendo lo peor que nosotros
le podíamos ofrecer, la crucifixión, para fabricar después, a

partir de aquella cruel obra, el remedio para el estado caído del ser humano. El Calvario rompió el punto muerto en la relación entre justicia y perdón. Al aceptar sobre su ser inocente todas las fuertes exigencias de la justicia, Jesús rompió para siempre la cadena de la falta de gracia.

Como Helmut Thielicke, yo regreso con demasiada frecuencia a una lucha de «ojo por ojo» que le cierra de golpe la puerta al perdón. *¿Por qué tengo que dar yo el primer paso? Yo fui el ofendido.* Así que no doy el paso, y aparecen en esa relación unas grietas que después se ensanchan. Con el tiempo, hay abierto un abismo que parece imposible de salvar. Me siento triste, pero raras veces acepto la culpa. En lugar de hacerlo, me justifico y señalo los pequeños gestos de reconciliación que hago. Mantengo un inventario mental de esos intentos, como para defenderme si alguna vez me echan la culpa por ese abismo. Huyo del riesgo de la gracia para refugiarme en la seguridad de la falta de gracia.

Henri Nouwen, que define el perdón como «el amor practicado entre gente que ama muy poco», describe el proceso que se produce:

> Yo he dicho con frecuencia: «Te perdono», pero, al mismo tiempo que estoy diciendo esas palabras, mi corazón ha permanecido airado o resentido. Aún quiero escuchar la historia que me dice que, al fin y al cabo, era yo quien tenía razón; aún quiero oír disculpas y excusas; aún quiero tener la satisfacción de recibir a mi vez algún elogio; aunque sea que me elogien por perdonar tanto.

En cambio, el perdón de Dios es incondicional; procede de un corazón que no exige nada para sí, un corazón que está totalmente desprovisto de la búsqueda de sí mismo. Este perdón divino es el que yo tengo que practicar en mi vida diaria. Me llama a seguir pasando por encima de todos mis argumentos que me dicen que perdonar no es sabio, ni sano, ni práctico. Me reta a pasar por alto todas mis necesidades de recibir agradecimiento y de ser elogiado. Por último, exige de mí que pase por encima de esa parte herida de mi corazón que se siente adolorida y maltratada, y que quiere permanecer en control de la situación, y poner unas cuantas condiciones entre mi persona y la persona a la que se me pide que perdone.

Un día descubrí esta exhortación del apóstol Pablo entre muchas otras de Romanos 12. Detesta el mal, ten gozo, vive en armonía, no seas presuntuoso... y la lista sigue. Entonces aparece este versículo: «Amados, nunca os venguéis vosotros mismos, sino dad lugar a la ira *de Dios*, porque escrito está: MÍA ES LA VENGANZA, YO PAGARÉ, dice el Señor».

Por fin comprendí: a fin de cuentas, el perdón es un acto de fe. Al perdonar a otra persona, estoy confiando en que Dios es mejor que yo para hacer justicia. Al perdonar, renuncio a mi propio derecho de vengarme, y dejo todos los problemas de equidad en manos de Dios, para que él los resuelva. Dejo en sus manos la balanza que deberá hacer equilibrio entre la justicia y la misericordia.

Cuando José llegó por fin al punto de poder perdonar a sus hermanos, su dolor no desapareció, pero desprendió de sus hombros la carga de ser su juez. Aunque el mal que me hayan hecho no desaparece cuando perdono, no me puede mantener atrapado, y queda en manos de Dios, que sabe lo que hay que hacer. Por supuesto, una decisión así tiene un riesgo: el de que Dios no trate a la persona como yo querría. (Por ejemplo, el profeta Jonás se resintió con Dios por ser más misericordioso de lo que se merecían los ninivitas).

Nunca he pensado que sea fácil perdonar, y pocas veces lo encuentro completamente satisfactorio. Las injusticias de las que me quejo permanecen, y las heridas siguen causando dolor. Tengo que acercarme a Dios una y otra vez para entregarle el residuo de lo que creía haberle entregado mucho tiempo antes. Lo hago porque los Evangelios establecen una clara conexión: Dios perdona mis deudas así como yo perdono a mis deudores. Lo contrario también es cierto: solo si vivo dentro de la corriente de la gracia de Dios, hallaré la fortaleza necesaria para reaccionar con gracia ante los demás.

El cese de las hostilidades entre los seres humanos depende de un cese de las hostilidades con Dios.

Capítulo 6

¿POR QUÉ PERDONAR?

En la semana anterior a la muerte de Jeffrey Dahmer en prisión, participé en una animada discusión sobre el tema del perdón. Dahmer, asesino en masa, había abusado sexualmente de diecisiete hombres jóvenes, para después matarlos, cometiendo actos de canibalismo con ellos y guardando partes de sus cuerpos en el refrigerador. Su arresto causó una conmoción en el departamento de policía de Milwaukee, cuando se supo que los oficiales no habían hecho caso de las súplicas desesperadas de un adolescente vietnamita que trató de escapar corriendo, desnudo y sangrante, del apartamento de Dahmer. Aquel jovencito también se convirtió en víctima de Dahmer, y su cuerpo fue uno de los once que se hallaron en el apartamento de este.

En noviembre de 1994, el propio Dahmer fue asesinado, golpeado hasta morir por otro prisionero con un palo de escoba. Los noticieros televisados de aquel día incluyeron entrevistas con los afligidos parientes de sus víctimas, la mayoría de los cuales dijeron que solo lamentaban su muerte, porque había terminado demasiado pronto con su vida. Habría debido sufrir al verse obligado a vivir más tiempo y pensar en las terribles cosas que había hecho.

Una red de televisión presentó un programa grabado unas cuantas semanas antes de la muerte de Dahmer. El entrevistador le preguntaba cómo era posible que hubiera hecho las cosas por las que lo habían declarado culpable. En aquellos momentos, él no creía en Dios, dijo Dahmer, así que le parecía que no le tendría que rendir cuentas a nadie. Comenzó con pequeños delitos, experimentó con pequeños actos de crueldad, y después solo tuvo que seguir adelante, cada vez más lejos. No había nada que lo limitara.

Entonces, Dahmer habló de su reciente conversión religiosa. Lo habían bautizado en una pequeña piscina en la prisión, y se pasaba todo el tiempo leyendo el material religioso que le daba un ministro de una Iglesia de Cristo de aquella localidad. La cámara pasó entonces a una entrevista con el capellán de la prisión, el cual afirmó que era cierto que Dahmer se había arrepentido, y que ahora era uno de los más fieles en la asistencia a sus cultos. La discusión en mi pequeño grupo tendió a dividirse entre los que solo habían visto el programa con la noticia de la muerte de Dahmer, y los que también habían visto la entrevista que le habían hecho. El primer grupo lo veía como un monstruo, y nadie en él aceptaba el informe de que se había convertido dentro de la prisión. Los rostros profundamente angustiados de aquellos parientes de las víctimas les habían dejado una profunda impresión. Una persona dijo con toda franqueza: «Los crímenes como esos nunca tienen perdón. No es posible que fuera sincero».

Los que habían visto la entrevista con Dahmer no estaban tan seguros. Estaban de acuerdo en que sus crímenes

eran increíblemente detestables. Sin embargo, había dado
la impresión de estar contrito, aun humilde. La conversación se centró en una pregunta: «¿Hay alguien que se halle
más allá de toda posibilidad de perdón?». Nadie se marchó aquella noche sintiéndose totalmente satisfecho con las
respuestas.

El escándalo del perdón espera a todo aquel que acepte
un cese de hostilidad moral solo porque alguien diga:
«Lo siento». Cuando considero que me han hecho un mal,
puedo fabricar un centenar de razones en contra del perdón.
*Necesita aprender una buena lección. No quiero favorecer
un comportamiento irresponsable. Voy a dejar que sufra un
poco; le va a venir bien. Necesita aprender que las acciones
tienen sus consecuencias. Yo fui el ofendido; no me toca a mí
dar el primer paso. ¿Cómo lo puedo perdonar, si ni siquiera
está arrepentido?* Así voy poniendo orden en mis argumentos, hasta que pasa algo que mina mi resistencia. Cuando por
fin me ablando hasta el punto de conceder el perdón, parece
una capitulación; un salto desde la lógica rigurosa hasta los
sentimientos melosos.

¿Por qué doy ese salto? Ya he mencionado uno de los
factores que me impulsan en mi condición de cristiano: es
lo que se me ha ordenado, por ser hijo de un Padre que perdona. No obstante, los cristianos no tienen el monopolio del
perdón. ¿Por qué tanto cristianos como no creyentes escoge-
mos esta manera innatural de actuar? Puedo identificar por
lo menos tres razones pragmáticas y, mientras más medito
en esas razones para perdonar, más reconozco en ellas una
lógica que no solo es «sólida», sino fundamental.

En primer lugar, solamente el perdón puede detener el ciclo de culpa y dolor, rompiendo la cadena de la falta de gracia. En el Nuevo Testamento, la palabra griega más usada para hablar del perdón significa literalmente liberar, lanzar algo, librarse de algo.

Me es fácil admitir que el perdón es injusto. El hinduismo, con su doctrina del *karma*, proporciona una sensación de equidad mucho más satisfactoria. Los eruditos hindúes han calculado con precisión matemática el tiempo que le toma a la justicia de una persona librarse de toda injusticia: para un castigo que compense todas mis maldades de esta vida y de las vidas futuras, bastarían seis millones ochocientas mil encarnaciones.

El matrimonio permite dar una mirada al proceso del karma en acción. Dos personas testarudas viven juntas, se sacan mutuamente de quicio y perpetúan la lucha por el poder a base de un continuo juego de tirantez emocional. «No puedo creer que hayas olvidado el cumpleaños de tu propia madre», dice ella.

—Espera un segundo; ¿acaso no eres tú la que está a cargo del calendario?

—No trates de pasarme la culpa a mí; no se trata de mi madre.

—Sí, pero la semana pasada te dije que me lo recordaras. ¿Por qué no lo hiciste?

—¿Estás loco? Es tu propia madre. ¿Acaso no te puedes acordar ni siquiera del cumpleaños de ella?

—¿Por qué? Tú tienes el deber de recordármelo.

El mismo diálogo tonto se repite y repite, digamos, unos seis millones ochocientos mil ciclos, hasta que por fin, uno de los cónyuges dice: «¡Basta! Yo voy a romper la cadena». Y la única forma de hacerlo es el perdón: *Lo siento. ¿Me puedes perdonar?*

La palabra *resentimiento* expresa lo que sucede si el ciclo se sigue repitiendo sin interrupción. Literalmente significa «sentir otra vez»: el resentimiento se aferra al pasado; lo vuelve a vivir una y otra vez; arranca las costras nuevas para que la herida nunca se sane. Sin duda, este esquema comenzó con la primera pareja que hubo sobre la tierra. «Piense en todas las riñas que deben haber tenido Adán y Eva en el transcurso de sus novecientos años de vida», escribía Martín Lutero. «Eva diría: "Tú te comiste la manzana", y Adán le replicaría: "Y tú me la diste"».

Dos novelas escritas por premios Nobel ilustran este esquema en un escenario moderno. En *El amor en los tiempos del cólera*, Gabriel García Márquez presenta un matrimonio que se desintegra por una pastilla de jabón. La esposa tenía la responsabilidad de mantener la casa en orden, lo cual incluía la provisión de toallas, papel higiénico y jabón en el cuarto de baño. Un día se le olvidó reemplazar el jabón, descuido que su esposo mencionó de forma exagerada («Hace como una semana que me estoy bañando sin jabón») y que ella negó rotundamente. Aunque resultó cierto que se le había olvidado, era su orgullo el que estaba en juego y no quiso retractarse. Durante los siete meses siguientes, durmieron en cuartos separados y comieron en silencio.

«Aun cuando ya eran viejos y apacibles», escribe García Márquez, «se cuidaban de evocarlo porque las heridas apenas cicatrizadas volvían a sangrar como si fueran de ayer». ¿Cómo es posible que una pastilla de jabón eche a perder un matrimonio? Porque ninguno de los cónyuges está dispuesto a decir: «Basta. Esto no puede seguir así. Lo siento. Perdóname».

Nudo de víboras, de François Mauriac, contiene un relato similar sobre un anciano que pasa las últimas décadas —¡décadas!— de su matrimonio durmiendo en un cuarto distinto al de su esposa. Treinta años antes se había abierto entre ellos un abismo por una discusión sobre si él se había mostrado suficientemente preocupado cuando cayó enferma su hija de cinco años. Ahora, ni el esposo ni la esposa están dispuestos a dar el primer paso. Todas las noches, él espera que ella se le acerque, pero ella nunca aparece. Todas las noches, ella se queda despierta en su cama, esperando que él se le acerque, y él nunca aparece. Ninguno de los dos quiere romper el ciclo que comenzó años antes. Ninguno de los dos está dispuesto a perdonar.

En sus memorias sobre una familia realmente disfuncional, *El club de los mentirosos*, Mary Karr habla de un tío suyo de Texas que permaneció casado con su esposa, pero no habló con ella durante cuarenta años, después de una pelea sobre la cantidad de dinero que ella gastaba en azúcar. Un día, tomó una sierra y cortó la casa exactamente por la mitad. Clavó tablas para tapar los lados descubiertos y movió una de las mitades hasta detrás de un raquítico bosquecillo de pinos dentro del mismo terreno. Allí vivieron los dos, esposo y esposa, el resto de su vida en sus dos medias casas separadas.

El perdón ofrece una vía de salida. No arregla todas las cuestiones en cuanto a culpa y justicia —con frecuencia evade a propósito esas cuestiones—, pero sí permite que la relación comience de nuevo. Esta es la forma, dice Solzhenitsyn, en que diferimos de los animales. No es nuestra capacidad de

pensar, sino nuestra capacidad de arrepentirnos y de perdonar la que nos hace diferentes. Solo los seres humanos
pueden realizar ese acto totalmente innatural que trasciende
las implacables leyes de la naturaleza.

Si no trascendemos la naturaleza, permanecemos atados
a las personas a las que no podemos perdonar; atenazados
por ellas. Este principio se aplica incluso cuando una de las
partes es totalmente inocente y la otra totalmente culpable, porque la parte inocente va a llevar la herida hasta que
pueda hallar una forma de soltarla, y el perdón es la única
forma. Oscar Hijuelos escribió una vibrante novela, *Mr. Ives'
Christmas* [Las navidades del Sr. Ives], acerca de un hombre asfixiado por la amargura hasta que de alguna forma
encuentra dentro de sí mismo las fuerzas para perdonar al
criminal que asesinó a su hijo. Aunque Ives no ha hecho
nada malo, durante décadas ese asesinato lo ha mantenido
prisionero de sus emociones.

Algunas veces dejo vagar mi mente y me imagino un
mundo sin perdón. ¿Qué sucedería si todos los hijos se man-
tuvieran rencorosos contra sus padres, y en todas las familias
los pleitos internos se pasaran a las generaciones futuras?
Ya hablé de una familia —Daisy, Margaret y Michael— y el
virus de la falta de gracia que afecta a todos sus miembros.
Yo conozco, respeto y estimo a cada uno de ellos por sepa-
rado. Sin embargo, aunque comparten casi el mismo código
genético, hoy en día no se pueden sentar juntos en la misma
habitación. Ellos me han jurado que son inocentes, pero los
inocentes también sufren los resultados de la falta de gracia.
«¡No quiero volver a verte mientras viva!», le gritó Margaret
a su hijo. Ella logró lo que quería, y ahora sufre las consecuencias a diario. Veo la angustia en cómo se le estrechan

los ojos y las mandíbulas se le ponen tensas cada vez que pronuncio la palabra «Michael».

Entonces, dejo que mi imaginación vaya más allá, hasta un mundo en el cual toda antigua colonia mantenga resentimientos contra su anterior amo imperial, y toda raza odie a las demás razas, y toda tribu pelee con sus rivales como si las quejas de la historia se agolparan detrás de los contactos entre naciones, razas y tribus. Me siento deprimido cuando imagino una escena así porque me parece muy cercana a la historia, tal como existe ahora. Como dijera la filósofa judía Hannah Arendt, el único remedio a la inevitabilidad de la historia es el perdón; de no ser así, permaneceremos atrapados en «los aprietos de la irreversibilidad».

No perdonar me aprisiona en el pasado y le impide la entrada a todo potencial para el cambio. De esa forma, le cedo el control a otro, a mi enemigo, y me condeno a sufrir las consecuencias del mal hecho. Una vez oí que un rabino inmigrante hacía una declaración asombrosa: «Antes de venir a los Estados Unidos, tuve que perdonar a Adolfo Hitler», dijo. «No quería traer a Hitler dentro de mí a mi nueva patria».

No perdonamos solo para cumplir una ley superior de moralidad; lo hacemos por nuestro propio bien. Tal como lo señala Lewis Smedes: «La primera, y con frecuencia la única persona sanada por el perdón, es la que perdona [...]. Cuando perdonamos de verdad, ponemos en libertad a un prisionero, y después descubrimos que el prisionero que hemos liberado somos nosotros mismos».

En el José de la Biblia, que había llevado dentro un resentimiento muy justificable contra sus hermanos, el perdón se desbordó en forma de lágrimas y gemidos. Estos, como los del parto, fueron los precursores de la liberación y, por medio de ellos, José consiguió por fin su libertad. Así fue como llamó Manasés a su hijo, nombre que significa «el que hace que se olvide».

La única cosa más dura que el perdón es su otra alternativa.

El segundo poder en importancia que tiene el perdón es que puede aflojar la tenaza de la culpa en el propio culpable.

La culpa hace su labor corrosiva, aunque se la reprima conscientemente. En 1993, un miembro del Ku Klux Klan llamado Henry Alexander le hizo una confesión a su esposa. En 1957, él y varios miembros más del Klan habían sacado de la cabina de su camión a un camionero de raza negra, lo habían hecho caminar hasta un puente desierto, situado a gran altura sobre un río de corriente rápida, y allí lo obligaron a saltar gritando hacia su muerte. Alexander fue acusado del crimen en 1976 —hicieron falta cerca de veinte años para llevarlo a juicio—, se declaró inocente y un jurado formado por personas blancas lo eximió de culpa. Durante treinta y seis años insistió en que era inocente, hasta aquel día de 1993, en que le confesó la verdad a su esposa. «Ni siquiera sé lo que Dios tiene planificado para mí. Ni siquiera sé cómo orar por mí mismo», le dijo. Pocos días más tarde murió.

La esposa de Alexander le escribió una carta a la viuda del hombre de color pidiéndole perdón. Más tarde, fue publicada en el periódico *The New York Times*. «Henry vivió toda su vida con una mentira y me la hizo vivir a mí también», escribió. Durante todos aquellos años, ella había creído en las protestas de inocencia de su esposo. Él no manifestó señal alguna de remordimiento hasta los últimos días de su vida; demasiado tarde para intentar una restitución pública. Sin embargo, no fue capaz de llevarse el terrible secreto a la tumba. Después de treinta y seis años de negarlo enérgicamente, aún necesitaba la liberación que solo puede proporcionar el perdón.

Otro miembro del Ku Klux Klan, el Gran Dragón Larry Trapp, de Lincoln, estado de Nebraska, fue motivo de los grandes titulares en toda la nación en el año 1992, cuando renunció a su odio, rompió sus banderas nazis y destruyó sus numerosas cajas de literatura llena de odio. Como cuenta Kathryn Watterson en el libro *Not by the Sword* [No con espada], a Trapp lo habían conquistado el amor y el perdón de un cantor de sinagoga judío y de su familia. Aunque Trapp les había enviado venenosos panfletos que hacían burla de unos judíos de nariz prominente y negaban la realidad del Holocausto; aunque había decidido hacer estallar una bomba en su sinagoga, la familia del cantor le respondió siempre con compasión e interés. Diabético desde su niñez, Trapp estaba confinado a una silla de ruedas y estaba perdiendo rápidamente la vista; la familia del cantor lo invitó a su hogar para cuidar de él. «Me manifestaron tanto amor, que lo único que pude hacer fue corresponderles con el mío» diría más tarde Trapp. Los últimos meses de su vida los pasó buscando el perdón de los grupos judíos, de la Asociación Nacional para el Avance de la Gente de Color y de las numerosas personas a las que había odiado.

En los años recientes, las audiencias de todo el mundo han presenciado un drama sobre el perdón presentado en escena en la versión musical de *Los Miserables*. La obra musical sigue su fuente original, la extensa novela de Víctor Hugo del mismo nombre, y cuenta la historia de Jean Valjean, prisionero francés perseguido y finalmente transformado por el perdón.

Sentenciado a una condena de diecinueve años de trabajos forzados por el delito de robar pan, Jean Valjean se fue endureciendo gradualmente hasta convertirse en un presidiario empedernido. Nadie lo podía vencer en una pelea a puños. Nadie podía quebrantar su voluntad. Por fin, Valjean se ganó su libertad. No obstante, en aquellos tiempos, los expresidiarios tenían que portar una tarjeta de identidad, y ningún mesonero permitía que un peligroso delincuente pasara la noche en su posada. Durante cuatro días anduvo deambulando por los caminos del poblado, buscando un refugio contra la intemperie, hasta que por fin un bondadoso obispo tuvo misericordia de él.

Aquella noche, Jean Valjean estuvo acostado en una cama excesivamente cómoda, hasta que el obispo y su hermana se durmieron. Entonces, se levantó de la cama, registró la alacena en busca de los objetos de plata de la familia y se perdió en las tinieblas.

A la mañana siguiente, tres policías tocaron a la puerta del obispo llevando consigo a Valjean. Habían atrapado al expresidiario mientras huía con los objetos de plata robados y estaban listos para encadenar a aquel canalla para toda la vida.

El obispo respondió de una forma que nadie, especialmente Jean Valjean, esperaba.

«¡Así que aquí estás!», le dijo a Valjean. «¡Qué bueno que te veo! ¿Te habías olvidado de que te di también los candelabros? Son de plata, como lo demás, y bien valdrán unos doscientos francos. ¿Se te olvidó llevártelos?».

Jean Valjean sintió que se le abrían los ojos de sorpresa. Se quedó mirando al anciano con una expresión que no se podía describir con palabras.

Valjean no era ladrón, les aseguró el obispo a los gendarmes. «Yo le regalé esos objetos de plata».

Cuando los gendarmes se retiraron, el obispo le dio los candelabros a su huésped, que temblaba sin poder hablar. «No olvides, no olvides nunca», le dijo el obispo, «que me has prometido usar el dinero para convertirte en un hombre honrado».

El poder de aquel acto del obispo, que desafiaba todo instinto humano de venganza, cambió para siempre la vida de Jean Valjean. Un desnudo encuentro con el perdón —a pesar de que él ni siquiera se había arrepentido—, derritió las graníticas defensas de su alma. Jean conservó los candelabros como precioso recuerdo de la gracia, y desde aquel momento se dedicó a ayudar a los necesitados.

De hecho, la novela de Víctor Hugo es una parábola de dos filos sobre el perdón. Un detective llamado Javert, que no conoce más ley que la justicia, acecha sin misericordia a Jean Valjean durante las dos décadas siguientes. Mientras el perdón transforma a Valjean, al detective lo consume la sed de venganza. Cuando Valjean le salva la vida a Javert —la presa le manifiesta gracia a su cazador—, el detective siente que su mundo en blanco y negro comienza a derrumbarse. Incapaz de hacerle frente a una gracia que va contra todo instinto, y no encontrando dentro de sí un perdón correspondiente, Javert salta desde un puente al río Sena.

El perdón magnánimo, como el ofrecido por el obispo a Valjean, hace posible la transformación del culpable. Lewis Smedes explica en detalle este proceso de «cirugía espiritual»:

> Cuando perdonamos a alguien, estamos separando de un golpe lo mal hecho de la persona que lo hizo. Desconectamos a esa persona de su mala acción. La volvemos a crear. En un instante, la identificamos inseparablemente como la persona que nos hizo daño. En el momento siguiente, le cambiamos esa identidad. Nuestra memoria la hace de nuevo.
>
> Ahora pensamos en ella, no como quien nos ha hecho daño, sino como una persona que nos necesita. La sentimos, no como la persona que nos alejó, sino como la persona que nos pertenece. Una vez la clasificamos como una persona poderosa para el mal, pero ahora la vemos como una persona débil en sus necesidades. Hemos vuelto a crear nuestro pasado, al volver a crear a la persona cuya maldad lo había hecho doloroso.

Smedes añade muchas advertencias. El perdón no equivale al indulto, advierte: podemos perdonar al que nos ha hecho daño y, con todo, seguir insistiendo en un justo castigo por ese daño. Sin embargo, si nos podemos elevar hasta el punto de perdonar, estaremos poniendo en marcha ese poder liberador, tanto en nosotros como en la persona que nos hizo daño.

Un amigo mío que trabaja en los barrios bajos de la ciudad se pregunta si tiene sentido perdonar a los que no se han arrepentido. Este hombre ve a diario las consecuencias del mal en los abusos con los niños, las drogas, la violencia y la prostitución. «Si yo sé que algo está mal y "perdono" sin tratar de arreglar ese mal, ¿qué estoy haciendo?», pregunta. «Más que liberando, podría estar avalando».

Mi amigo me ha contado historias sobre las personas con las que él trabaja, y estoy de acuerdo en que algunas de ellas parecen estar más allá de los límites del perdón. No obstante, no puedo olvidar la conmovedora escena del obispo perdonando a Jean Valjean, quien no había admitido culpa alguna. El perdón tiene su propio poder extraordinario que va más allá de la ley y de la justicia. Antes de *Los Miserables*, leí *El conde de Montecristo*, una novela de Alejandro Dumas, compatriota de Víctor Hugo, donde se cuenta la historia de un hombre con el que se ha cometido una injusticia, y se venga de forma sobresaliente de los cuatro hombres que le habían hecho daño. La novela de Dumas apeló a mi sentido de la justicia; la de Víctor Hugo despertó en mí el sentido de la gracia.

La justicia tiene una clase de poder que es bueno, correcto y racional. El poder de la gracia es diferente: nada realista, transformador, sobrenatural. Reginald Denny, el conductor del camión asaltado durante los motines del centro sur de Los Ángeles, manifestó este poder de la gracia. Toda la nación contempló el video tomado desde un helicóptero mientras dos hombres destrozaban la ventana del camión con un ladrillo, lo sacaban de la cabina, lo golpeaban con una botella rota y lo pateaban hasta que se le hundió un lado de la cara. En los tribunales, sus verdugos se mostraron beligerantes y no manifestaron arrepentimiento alguno, dispuestos a no ceder. Mientras los medios noticiosos del mundo observaban, Reginald Denny, con el rostro aún hinchado y deforme, hizo caso omiso de las protestas de sus abogados, se abrió paso hasta las madres de los dos acusados, las abrazó y les dijo que los perdonaba. Las madres abrazaron a Denny, y una de ellas dijo: «Te quiero».

No sé qué efecto tendría aquella escena en los insolentes acusados, que estaban sentados a corta distancia con las esposas puestas. Lo que sí sé es que el perdón, y solo el perdón, puede comenzar a derretir el hielo en el culpable. También sé el efecto que tiene en mí que un compañero de trabajo, o mi esposa, se me acerque sin que se lo sugieran y me ofrezca su perdón por algún mal que yo no confieso porque soy demasiado orgulloso y obstinado.

El perdón —inmerecido, no ganado— puede cortar las cuerdas para que caiga de nuestra espalda el opresivo peso de la culpa. El Nuevo Testamento presenta a un Jesús resucitado que va conduciendo de la mano a Pedro por un triple ritual de perdón. Pedro no se tuvo que pasar la vida con el aspecto culpable y avergonzado de quien ha traicionado al Hijo de Dios. No. Sobre las espaldas de pecadores transformados como este, Cristo edificaría su iglesia.

El perdón rompe el ciclo de acusaciones y afloja el nudo estrangulador de la culpa. Y lo hace por medio de un notable enlace en el que pone al que perdona del mismo lado del que le hizo daño. A través de él, nos damos cuenta de que no somos tan diferentes del que nos ha hecho mal, como nos gustaría imaginarnos. «Yo también soy distinta a lo que me imagino ser. Saber esto es perdonar», dijo Simone Weil.

Mencioné un pequeño grupo de discusión sobre el perdón, cuyos comentarios giraron alrededor del caso de Jeffrey Dahmer. Al igual que muchas de las discusiones de este tipo, se fue alejando de los ejemplos personales hacia lo abstracto y lo teórico. Hablamos de otros crímenes horrendos, de Bosnia y del Holocausto. Casi por accidente, surgió la palabra «divorcio» y, para sorpresa nuestra, Rebeca decidió hablar.

Rebeca es una mujer callada, y en las semanas que llevábamos reuniéndonos, había abierto la boca muy pocas veces. Sin embargo, cuando se mencionó el divorcio procedió a relatar su propia historia. Se había casado con un pastor que tenía algún renombre como dirigente de retiros. Sin embargo, descubrió que su esposo tenía un lado tenebroso. Le gustaba la pornografía y en sus viajes a otras ciudades buscaba prostitutas. Algunas veces le pedía perdón a Rebeca y otras no. Al cabo del tiempo, la dejó por otra mujer llamada Julianne.

Rebeca nos contó lo doloroso que fue para ella, esposa de pastor, sufrir esta humillación. Algunos miembros de la iglesia que habían respetado a su esposo la trataron como si su desviación sexual hubiera sido culpa de ella. Destrozada, se fue apartando de todo contacto humano, incapaz de confiar en otra persona. Nunca pudo sacar de la mente a su esposo porque tenían hijos y ella necesitaba estar en continuo contacto con él a fin de hacer los arreglos para que los visitara.

Rebeca sentía cada vez más que, a menos que perdonara a su exesposo, les estaría pasando una gran carga de sentimientos de venganza a sus hijos. Oró durante meses. Al principio, sus oraciones parecían tan vengativas como algunos de los salmos: le pedía a Dios que le diera a su exesposo «lo que se merecía». Finalmente, llegó al punto de dejar que fuera Dios, y no ella, quien decidiera «lo que se merecía».

Una noche, Rebeca llamó a su exesposo para decirle, con voz temblorosa y entrecortada: «Quiero que sepas que te perdono lo que me has hecho. Y que también perdono a Julianne». Él se rio de lo que ella le decía; no estaba dispuesto a admitir que hubiera hecho nada malo. A pesar de su desaire, aquella conversación ayudó a Rebeca a superar sus sentimientos de amargura.

Pocos años más tarde, recibió una histérica llamada de Julianne, la mujer que le había «robado» a su esposo. Ella había asistido con él a una conferencia de ministros en Minneapolis, y él había salido del cuarto del hotel para ir a caminar. Al cabo de varias horas, la policía se puso en contacto con Julianne: habían arrestado a su esposo por solicitar los servicios de una prostituta.

En el teléfono, Julianne sollozaba mientras hablaba con Rebeca. «Nunca te creí», le dijo. «Me decía que, aunque lo que tú contabas fuera cierto, él había cambiado. Y ahora, esto. Me siento tan avergonzada, tan herida, tan culpable. No tengo en todo el mundo a nadie que me pueda comprender. Entonces recordé aquella noche en que tú dijiste que nos perdonabas. Pensé que tal vez tú pudieras comprender lo que yo estoy pasando. Sé que es terrible pedirte algo así, pero ¿podría ir a hablar contigo?».

De alguna forma, Rebeca encontró la valentía suficiente para invitar a Julianne a visitarla aquella misma noche. Se sentaron en su sala de estar, lloraron juntas, compartieron las historias de las traiciones recibidas, y al final oraron juntas. En la actualidad, Julianne señala aquella noche como el momento en que se convirtió en cristiana.

Nuestro grupo guardaba silencio mientras Rebeca contaba su historia. No estaba describiendo el perdón de una manera abstracta, sino en una escena casi incomprensible de enlace entre seres humanos: la mujer que se robó un esposo y la esposa abandonada, arrodilladas juntas en el suelo de una sala de estar, orando.

«Durante mucho tiempo me había sentido como una tonta por haber perdonado a mi esposo», nos dijo Rebeca. «Pero aquella noche me di cuenta de cuál es el fruto del perdón. Julianne tenía razón. Yo podía comprender lo que ella estaba pasando. Y porque yo también lo había pasado, pude estar junto a ella, en lugar de ser su enemiga. El mismo hombre nos había traicionado a ambas. Ahora era mi responsabilidad enseñarle a superar el odio, el deseo de venganza y la culpabilidad que estaba sintiendo».

En *The Art of Forgiving* [El arte de perdonar], Lewis Smedes hace la sorprendente observación de que la Biblia indica que Dios va pasando por etapas progresivas cuando perdona, de forma muy parecida a los seres humanos. Primeramente, descubre de nuevo la humanidad de la persona que lo ha ofendido, quitando la barrera creada por el pecado. Después, renuncia a su derecho a la venganza y decide en cambio cargar el precio sobre su propio cuerpo. Por último, modifica sus sentimientos hacia nosotros, encontrando una forma de «justificarnos», de manera que cuando nos ve, distingue a sus propios hijos adoptivos, con su imagen divina restaurada.

Cuando pensaba en esta observación de Smedes, me vino a la mente que el misericordioso milagro del perdón divino fue hecho posible gracias al enlace que se produjo cuando Dios vino a la tierra en Cristo. De alguna forma, él tenía que relacionarse con esas criaturas que quería amar con tanta urgencia, pero ¿cómo? Dios no sabía por experiencia propia lo que era ser tentado a pecar o tener un día difícil. En la tierra, viviendo entre nosotros, aprendió lo que eran esas cosas. Se puso de nuestro lado.

El libro de Hebreos pone de manifiesto este misterio de la encarnación: «Porque no tenemos un sumo sacerdote que no pueda compadecerse de nuestras flaquezas, sino uno que ha sido tentado en todo como *nosotros*, pero sin pecado». Segunda Corintios va más lejos aún: «Al que no conoció pecado, le hizo pecado por nosotros». No se habría podido ser más explícito. Dios trazó un puente sobre el abismo; se fue totalmente de nuestro lado. Y porque lo hizo, afirma Hebreos, Jesús puede abogar a favor nuestro delante del Padre. Él ha pasado por lo que nosotros pasamos. Él nos comprende.

Los relatos de los evangelios parecen decir que el perdón tampoco le fue fácil a Dios. «Si es posible, que pase de mí esta copa», dijo Jesús en su oración, al considerar el precio, mientras su sudor caía como gotas de sangre. No había otra forma. Finalmente, en una de sus últimas declaraciones antes de morir, dijo: «Perdónalos» —a todos: a los soldados romanos, a los líderes religiosos, a sus discípulos que habían huido en medio de la oscuridad, a usted, a mí—; «perdónalos, porque no saben lo que hacen». Solo por haberse convertido en un ser humano, el Hijo de Dios pudo decir realmente: «No saben lo que hacen». Puesto que había vivido en medio de nosotros, ahora nos comprendía.

Capítulo 7

AJUSTANDO CUENTAS

U n día tomé un libro que había leído varios años antes: *The Sunflower* [El girasol], por Simón Wiesenthal. La obra relata un pequeño incidente que tuvo lugar durante la campaña de «limpieza étnica» más exitosa de este siglo, un incidente que sirve para explicar lo que impulsó a Wiesenthal a convertirse en el principal cazador de nazis y en una voz pública incansable contra los crímenes por odio. El libro se centra en el perdón, y yo acudí a él para tratar de comprender el papel que podría representar el perdón a nivel general.

En 1944, el joven polaco Wiesenthal era un prisionero de los nazis. Había visto, sin poder hacer nada, cómo los soldados nazis mataban a su abuela en la escalera de su casa y obligaban a su madre a subir a un vagón de carga atestado de ancianas judías. En total, ochenta y nueve de sus parientes judíos morirían a manos de los nazis. Wiesenthal mismo intentó suicidarse cuando lo capturaron.

Un hermoso día soleado, mientras Wiesenthal y un grupo de prisioneros se hallaban limpiando de escombros un hospital para alemanes heridos, se le acercó una enfermera.

«¿Es usted judío?», le preguntó vacilante, y después le hizo señas para que la acompañara. Inquieto, Wiesenthal la siguió por una escalera hacia arriba y después hasta el fondo de un pasillo; por fin llegaron a un cuarto oscuro y húmedo donde yacía un solitario soldado lleno de vendajes. Tenía el rostro cubierto con una gasa blanca, donde se habían hecho agujeros para la boca, la nariz y los oídos.

La enfermera desapareció cerrando la puerta tras sí, para dejar al joven prisionero con aquella figura espectral. El herido era un oficial de las SS, y había llamado a Wiesenthal para hacerle una confesión en su lecho de muerte. «Me llamo Karl», dijo una ronca voz que brotó de algún lugar debajo de las vendas. «Tengo que hablarle de una acción terrible; tengo que decírselo a usted, porque usted es judío».

Karl comenzó su relato recordando que había sido criado en el catolicismo y que había perdido la fe de su niñez mientras estaba en el Cuerpo Juvenil Hitleriano. Más tarde habría entrado de voluntario en las SS y servido con distinción. Hacía poco que había regresado del frente ruso, malherido.

Mientras Karl trataba de relatar su historia, Wiesenthal hizo tres veces un gesto como para marcharse. Las tres veces, el oficial extendió su débil mano, casi sin vida, para tomarlo del brazo. Entonces le rogó que escuchara lo que él acababa de experimentar en Ucrania.

En el poblado de Dnyepropetrovsk, abandonado por los rusos en su retirada, la unidad de Karl cayó en unas trampas que mataron a treinta de sus soldados. En venganza, las SS reunieron a trescientos judíos, los hicieron meterse en una casa de tres pisos, la rociaron con gasolina y le tiraron granadas. Karl y sus hombres rodearon la casa con las armas listas para disparar sobre todo el que intentara escapar.

«Los gritos que salían de aquella casa eran horribles», dijo, viviendo de nuevo aquel momento. «Vi a un hombre con un niño pequeño en los brazos. Tenía la ropa en llamas. Junto a él estaba una mujer, sin duda la madre del niño. El hombre le cubrió los ojos al niño con la mano que tenía libre y saltó a la calle. Segundos más tarde lo siguió la madre. Entonces, de las otras ventanas, cayeron cuerpos envueltos en llamas. Nosotros disparamos... ¡Dios mío!».

En aquellos momentos, Wiesenthal estaba sentado y guardaba silencio, dejando que hablara el soldado alemán. Karl describió después otras atrocidades, pero regresaba a la escena de aquel niño pequeño de pelo negro y ojos oscuros cayendo de un edificio, convertido en blanco de práctica para los rifles de las SS. «Aquí me he quedado con mi culpa», dijo por fin:

> En las últimas horas de mi vida, usted está conmigo. No sé quién es; solo sé que es judío, y eso me basta.
>
> Sé que cuanto le he contado es terrible. En las largas noches en que he estado esperando la muerte, una y otra vez he deseado hablar de todo esto con un judío y pedirle perdón. Solo que no sabía si quedaba aún algún judío [...]. Sé que lo que le pido es demasiado para usted, pero sin su respuesta no podré morir en paz.

Simón Wiesenthal, arquitecto de poco más de veinte años de edad, en esos momentos prisionero, vestido con un desmañado uniforme marcado con la amarilla estrella de David, sintió que el inmenso y aplastante peso de su raza caía sobre él. Miró por la ventana al soleado patio; después al montón de vendas sin ojos que yacía en la cama. Observó que un moscardón revoloteaba zumbando alrededor del cuerpo del moribundo, atraído por el olor.

«Por fin, me decidí», escribe Wiesenthal, «y, sin decir una palabra, me marché de aquel cuarto».

The Sunflower saca el perdón del campo teórico y lo lanza en medio de la historia viva. Decidí volver a leer el libro porque el dilema al que se enfrentó Wiesenthal tiene muchos paralelos con los dilemas morales que siguen destrozando al mundo en lugares como África y el Medio Oriente.

La primera mitad del libro de Wiesenthal cuenta la historia que acabo de resumir. La segunda mitad recoge las reacciones que tuvieron ante esa historia luminarias como Abraham Heschel, Martin Marty, Cynthia Ozick, Gabriel Marcel, Jacques Maritain, Herbert Marcuse y Primo Levi. Al final, Wiesenthal había acudido a ellos en busca de consejo, para saber si había actuado bien.

Karl, el oficial de las SS, murió poco después sin que ningún judío lo perdonara, pero Simón Wiesenthal siguió viviendo y fue liberado de un campamento de exterminio por tropas de Estados Unidos. La escena que tuvo lugar en aquel cuarto de hospital lo persiguió como un fantasma. Después de la guerra, Wiesenthal visitó a la madre del oficial en Stuttgart, con la esperanza de exorcizar de alguna forma el recuerdo de aquel día. En lugar de esto, la visita solo sirvió para hacer más humano al oficial, porque la madre habló con ternura de la piadosa juventud de su hijo. Wiesenthal no se atrevió a decirle cómo había terminado.

A lo largo de los años, Wiesenthal les preguntó a muchos rabinos y sacerdotes qué habría debido hacer. Finalmente, más de veinte años después de terminada la guerra, escribió la historia y se la envió a las mentes éticas más brillantes que conocía: judíos y gentiles, católicos, protestantes e irreligiosos. «¿Qué habría hecho usted en mi lugar?», les preguntó.

De los treinta y dos hombres y mujeres que contestaron, solo seis dijeron que Wiesenthal había cometido un error al no perdonar al alemán. Dos cristianos señalaron que la incomodidad que él seguía sintiendo era una punzada en la conciencia que solamente el perdón podía calmar. Uno de ellos, un hombre de color que había luchado en la resistencia francesa, dijo: «Puedo entender que usted se haya negado a perdonar. Esto está totalmente de acuerdo con el espíritu de la Biblia, con el espíritu de la ley antigua. Sin embargo, existe una ley nueva, la de Cristo, expresada en los evangelios. Como cristiano, creo que usted lo habría debido perdonar».

Hubo unos cuantos que respondieron con palabrería inútil, pero la mayoría de los que respondieron estuvieron de acuerdo en que Simón Wiesenthal había actuado correctamente. ¿Qué autoridad moral o legal tenía él para perdonar los crímenes perpetrados contra otros?, preguntaban. Un escritor citó al poeta Dryden: «El perdón, a los que han sido heridos pertenece».

Unos pocos entre los judíos que le respondieron expresaron que la enormidad de los crímenes nazis había excedido toda posibilidad de perdón. Herbert Gold, autor y profesor estadounidense, declaró: «La culpabilidad por todo este horror pesa tanto sobre los alemanes de aquellos tiempos que no hay reacción personal alguna ante él que no sea justificable». Otro dijo: «Habría sido más posible que volvieran a la vida los millones de seres inocentes que fueron torturados y asesinados que verme yo perdonando». La novelista Cynthia Ozick respondió con violencia: «Que muera sin perdón el hombre de las SS. Que se vaya al infierno». Un escritor cristiano confesó: «Creo que yo lo habría estrangulado en su cama».

Unos pocos, al hacer su comentario, pusieron en duda la noción misma del perdón. Una profesora manifestó desdén por el perdón, como acto de placer sensual; el tipo de cosas que hacen los amantes después de una riña antes de volverse a meter en la cama. No cabía, dijo, en un mundo de genocidio y Holocausto. Perdona, y es muy fácil que todo se repita de nuevo.

Diez años antes, cuando leí *The Sunflower* por vez primera, me sorprendió la casi unanimidad de las respuestas. Esperaba que fueran más los teólogos cristianos que hablaran de la misericordia. Sin embargo, esta vez, mientras volvía a leer las elocuentes respuestas a la pregunta de Wiesenthal, me sentí impresionado por la lógica terrible y cristalina de la negativa a perdonar. En verdad, en un mundo de atrocidades indecibles, el perdón parece algo injusto, incorrecto, irracional. Sí, las personas y las familias tienen que aprender a perdonar, pero ¿cómo se aplican unos principios tan elevados en un caso como la Alemania nazi? El filósofo Herbert Marcuse lo expresa así: «No se puede ni se debe andar por ahí, divirtiéndose en matar y torturar, para después, cuando llega el momento, limitarse a pedir el perdón y recibirlo».

¿Es excesivo esperar que los elevados ideales éticos del evangelio —en el centro de los cuales se halla el perdón— se puedan aplicar al brutal mundo de la política y de la diplomacia internacional? En un mundo así, ¿qué posibilidades tiene algo tan etéreo como el perdón? Estas preguntas me seguían persiguiendo mientras volvía a leer la historia de Wiesenthal y escuchaba incesantemente las malas noticias procedentes de las zonas en conflicto del mundo.

Mis amigos judíos han hablado con admiración de la insistencia cristiana en el perdón. Yo lo he presentado como nuestra arma más fuerte para desarmar a la fuerza contraria de la falta de gracia. Y sin embargo, tal como señalara a principios de este siglo el gran erudito judío Joseph Klausner, la misma insistencia de los cristianos en estos ideales nos deja vulnerables ante una crítica devastadora. «La religión ha defendido los valores más elevados desde un punto de vista ético e ideal», escribe Klausner, «mientras que la política y la vida social han permanecido en el otro extremo del barbarismo y el paganismo».

Klausner sostiene que los fallos de la historia cristiana apoyan su idea de que Jesús enseñó una ética nada práctica, que no funciona en el mundo real. Menciona la Inquisición española, de la cual «no se pensaba que fuera incompatible con el cristianismo». Un crítico contemporáneo podría añadir a su lista lugares como Yugoslavia, Ruanda y sí, incluso la Alemania nazi, puesto que estos tres conflictos tuvieron lugar en naciones consideradas cristianas.

¿Tiene alguna relevancia el énfasis cristiano en el amor, la gracia y el perdón, fuera de los pleitos familiares o los grupos de encuentro en las iglesias? En un mundo donde manda la fuerza, un ideal tan elevado como el del perdón puede parecer tan insustancial como el vapor. Stalin comprendía demasiado bien este principio cuando se burló de la autoridad moral de la iglesia, diciendo: «¿Cuántas divisiones tiene el papa?».

Para ser sincero, no sé cómo habría reaccionado yo de haberme visto en la situación de Simón Wiesenthal. ¿Podemos, debemos perdonar crímenes de los cuales no hemos sido víctimas? Karl, el oficial de las SS, se arrepintió, aclarando así su caso, pero ¿qué decir de los duros rostros que se iban alineando, casi con una sonrisa burlona, en los juicios de Nuremberg y Stuttgart? Martin Marty, uno de los cristianos cuya respuesta aparece en el libro de Wiesenthal, escribió estas líneas, con las cuales me siento tentado a estar de acuerdo: «Solo puedo responder con el silencio. Los que no somos judíos, y en especial los cristianos, nos debemos abstener de darles consejos acerca de las experiencias del Holocausto a sus herederos durante los próximos dos mil años. Y entonces, ya no tendremos nada que decir».

Con todo, tengo que admitir que, a medida que leía las elocuentes voces que apoyan el que no se perdone, no tenía más remedio que preguntarme qué resulta más costoso: perdonar o no perdonar. Herbert Gold consideraba que «no hay reacción personal alguna ante él [el horror de la culpa alemana] que no sea justificable». Si esto es así, ¿qué tal si alguien ejecutara por venganza a todos los alemanes supervivientes? ¿Sería esto justificable?

El argumento más fuerte a favor de la gracia es su alternativa: un mundo de falta de gracia. El argumento más fuerte a favor del perdón es su alternativa: un estado permanente de no-perdón. Estoy de acuerdo en que el Holocausto crea una situación especial. ¿Qué decir entonces de otros ejemplos más contemporáneos? Donde reina la falta de perdón, como señala el ensayista Lance Morrow, entra en juego una ley newtoniana: por cada atrocidad cometida, debe haber una atrocidad igual y opuesta.

Por supuesto, los serbios son los que llevan la culpa de todo lo que le sucedió a Yugoslavia. (Observe el lenguaje usado para describirlos en la sección de noticias de la revista *Time*, que se supone sea objetiva: «Lo que ha sucedido en Bosnia solo es penuria y barbarismo; la sucia obra de mentirosos y cínicos que manipulan prejuicios tribales, usando una propaganda de atrocidades y unas rivalidades de sangre muy antiguas para lograr el impuro resultado político de la "limpieza étnica"»). Atrapado en una justa —y totalmente adecuada— repugnancia ante las atrocidades de los serbios, el mundo pasa por alto un hecho: los serbios solo están siguiendo la terrible lógica de no perdonar.

La Alemania nazi, el mismo régimen que eliminó a ochenta y nueve miembros de la familia de Simón Wiesenthal y que provocó palabras tan duras en labios de gente refinada como Cynthia Ozick y Herbert Marcuse, incluyó a los serbios en su campaña de «limpieza étnica» durante la Segunda Guerra Mundial. Es cierto que en la década del noventa los serbios habían matado a decenas de miles, pero durante la ocupación nazi del territorio de los Balcanes en la década de los cuarenta, los alemanes y los croatas mataron a centenares de miles de serbios, gitanos y judíos. El recuerdo histórico sigue vivo: en la guerra reciente hubo neonazis alemanes que se alistaron para pelear junto a los croatas, y hubo unidades del ejército croata que desplegaron desvergonzadamente banderas con la suástica y el antiguo símbolo fascista croata.

El grito de «Nunca más», el mismo que les da aliento a los supervivientes del Holocausto, es también el que inspiró a los serbios a desafiar a las Naciones Unidas, y virtualmente al mundo entero. Nunca más iban a dejar que los croatas dominaran territorios poblados por serbios. Nunca más se lo iban a permitir tampoco a los musulmanes: la última guerra que habían peleado con los musulmanes había tenido por resultado cinco siglos de dominación turca (en perspectiva histórica, un período que duró más del doble del tiempo que ha existido Estados Unidos).

En la lógica de la falta de perdón, no atacar al enemigo sería traicionar a los antepasados y los sacrificios que hicieron. Sin embargo, hay un gran fallo en la ley de la venganza: nunca acaba de ajustar las cuentas. Los turcos se vengaron en 1389, en la batalla de Kosovo; los croatas se vengaron en la década de los cuarenta; ahora nos toca a nosotros, dicen los serbios. No obstante, un día, como seguramente saben los serbios, los descendientes de las víctimas violadas y mutiladas de hoy se alzarán para vengarse de los vengadores. Ha sido abierta la puerta de la trampa y por ella salen volando unos murciélagos enloquecidos.

Así lo expresa Lewis Smedes:

> La venganza es la pasión por ajustar cuentas. Es un ardiente deseo de devolver tanto dolor como el que nos han hecho pasar [...]. El problema de la venganza es que nunca consigue lo que quiere; nunca ajusta las cuentas. La equidad no llega nunca. La reacción en cadena iniciada por cada acto de venganza siempre sigue su curso sin que nada se lo impida. Ata tanto a la víctima como a su verdugo a

una escalera mecánica ascendente de dolor. Ambos están metidos en ella sin poder salir, mientras se siga exigiendo paridad, y la escalera no se detiene nunca ni deja que nadie se baje de ella.

El perdón será injusto —lo es por definición—, pero al menos proporciona una forma de detener el destructor monstruo de la venganza. Hoy, mientras escribo, la violencia sigue brotando o ardiendo debajo de la superficie entre China y Taiwán, India y Pakistán, Rusia y Chechenia, Gran Bretaña e Irlanda, y en especial entre judíos y árabes en el Oriente Medio. Todas estas disputas se remontan a décadas, siglos, o en el caso de los judíos y los árabes, milenios atrás. Cada uno de los lados lucha por superar una injusticia del pasado, por arreglar algo que concibe como un daño.

El teólogo Romano Guardini ofrece este diagnóstico del fatal fallo que hay en la búsqueda de venganza: «Mientras estés enredado en la injusticia y la venganza, en el golpe y el contragolpe, la agresión y la defensa, serás arrastrado continuamente a nuevas injusticias [...]. Solo el perdón nos libera de la injusticia de los demás». Si todos siguieran el principio de justicia del «ojo por ojo», observaba Gandhi, el mundo entero terminaría ciego.

Tenemos numerosas manifestaciones muy intensas de la ley del no-perdón. En las tragedias históricas de Shakespeare y de Sófocles, los cuerpos llenan el escenario. Macbeth, Ricardo III, Tito Andrónico y Electra tienen que matar y matar hasta obtener su venganza, y después vivir con el miedo de que haya sobrevivido algún enemigo que busque la contravenganza.

El padrino, la trilogía de Francis Ford Coppola, y *Sin perdón*, de Clint Eastwood, son ejemplos de esta misma ley. Vemos la ley en funcionamiento en los terroristas del Ejército Republicano Irlandés, que destrozan gente en las tiendas del centro de Londres, en parte debido a atrocidades que fueron cometidas en 1649, y que a su vez habían sido ordenadas por Oliverio Cromwell para vengar una masacre de 1641. Lo vemos en Sri Lanka, en Argelia y en Sudán, y también en las repúblicas de la antigua Unión Soviética que luchan entre sí.

«Solo tienen que reconocer los crímenes que han cometido contra nosotros», les dicen los armenios a los turcos, «y dejaremos de hacer estallar sus aviones y de asesinar a sus diplomáticos». Turquía se niega con obstinación. Durante la crisis de los rehenes en Irán, hubo un momento en que el gobierno iraní anunció que soltaría a todos los rehenes sin hacerles daño, si el presidente de Estados Unidos pedía perdón por haber apoyado en el pasado al régimen opresor del Sha. Jimmy Carter, un cristiano nacido de nuevo, que sabe lo que es el perdón y se ha ganado la merecida reputación de pacificador, se negó. «No pediremos perdón», dijo. Era el honor nacional de Estados Unidos el que estaba en juego.

«He descubierto que una palabra bondadosa con un revólver consigue más que una palabra bondadosa sola», decía John Dillinger. Su observación ayuda a explicar la razón por la que los países pobres se gasten hoy hasta la mitad de sus ingresos anuales en armas. En un mundo caído, la fuerza funciona.

Helmut Thielicke recuerda su primer estudio bíblico después de convertirse en pastor de la iglesia estatal alemana. Decidido a confiar en las palabras de Jesús de que «Toda autoridad me ha sido dada en el cielo y en la tierra», trató de asegurarse de que incluso Adolfo Hitler, entonces en el poder, no era más que un títere que colgaba de las manos de un Dios soberano. El grupo reunido para el estudio bíblico estaba formado por dos ancianas y un organista ligeramente paralizado, más anciano aún. Mientras tanto, afuera en la calle marchaban los relucientes batallones de los Cuerpos de Juventudes Hitlerianas. «El reino de los cielos es semejante a un grano de mostaza...», se tuvo que recordar Thielicke a sí mismo.

Aquella imagen —un puñado de santos orando adentro, mientras afuera marchaban a paso de ganso las legiones del poder— capta la forma en que me siento con frecuencia. Las armas de la fe parecen virtualmente impotentes cuando son lanzadas contra las fuerzas de la falta de gracia. ¿Es posible combatir contra cabezas nucleares con una honda?

No obstante, la historia muestra que la gracia tiene su propio poder. Los grandes líderes —me vienen a la mente Lincoln, Gandhi, King, Rabin y Sadat, los que pagaron el precio máximo por desafiar la ley de la falta de gracia— pueden ayudar a crear un clima nacional que lleve a la reconciliación. ¡Qué diferente sería la historia moderna si Sadat y no Saddam hubiera gobernado en Iraq, o si surgiera un Lincoln de las ruinas de los Balcanes!

Los políticos se dedican a las cosas externas: fronteras, riqueza, crímenes. El perdón auténtico se enfrenta a la maldad que hay en el corazón de la persona, algo para lo cual la política no tiene cura. La maldad virulenta (el racismo, los odios étnicos) se extiende por la sociedad como una enfermedad que se propaga por el aire; basta que alguien tosa para que infecte a todos los pasajeros de un ómnibus. La cura es como una vacuna, que hay que aplicársela a las personas una por una. Cuando por fin se producen momentos de gracia, el mundo necesita hacer una pausa, guardar silencio y reconocer que ciertamente el perdón ofrece un tipo de curación.

En 1987, una bomba del Ejército Republicano Irlandés estalló en una pequeña población al oeste de Belfast, en medio de un grupo de protestantes que se habían reunido en el Día del Veterano para honrar a los muertos en sus guerras. Murieron once personas, y sesenta y tres quedaron heridas. Lo que hizo que este acto de terrorismo se destacara de tantos otros fue la reacción de Gordon Wilson, uno de los heridos, metodista consagrado que había emigrado hacia el norte desde la República de Irlanda para trabajar en telas. La bomba enterró a Wilson y a su hija Marie, de veinte años, bajo casi dos metros de hormigón y ladrillos. «Papá, te quiero mucho», fueron las últimas palabras pronunciadas por Marie, mientras se agarraba de la mano de su padre en espera del rescate. Sufrió fuertes heridas en la columna vertebral y en el cerebro, y murió en el hospital pocas horas después.

Más tarde, un periódico proclamaría: «Nadie recuerda lo que dijeron los políticos en aquel momento. Ninguno de cuantos escucharon a Gordon Wilson olvidará jamás lo que él confesó [...] Su gracia se alzó por encima de las pobres justificaciones de los que pusieron la bomba». Hablando desde su cama del hospital, Wilson dijo: «He perdido a mi hija, pero no guardo rencor. Las palabras de amargura no le van a devolver la vida a Marie Wilson. Voy a orar, esta noche y todas las noches, para que Dios los perdone».

Las últimas palabras de su hija fueron palabras de amor, y Gordon Wilson decidió seguir viviendo en ese plano del amor. «El mundo lloró», dijo un reportero, cuando Wilson dijo algo similar en una entrevista para la estación de radio de la BBC aquella semana.

Después de salir del hospital, Gordon Wilson dirigió una campaña para la reconciliación entre protestantes y católicos. Los extremistas protestantes que habían planificado vengar aquel ataque decidieron, debido a la publicidad que rodeaba a Wilson, que una conducta así sería poco inteligente desde el punto de vista político. Wilson escribió un libro acerca de su hija, hizo pronunciamientos contra la violencia y siguió repitiendo constantemente estas palabras: «Lo que importa de veras es el amor». Se reunió con el Ejército Republicano Irlandés, los perdonó personalmente por lo que habían hecho y les pidió que dejaran las armas. «Yo sé que ustedes han perdido seres queridos, tal como me ha pasado a mí», les dijo. «Pero ciertamente, ya basta. Ya se ha derramado demasiada sangre».

La República de Irlanda terminó haciendo a Wilson miembro de su Senado. Cuando murió en 1995, la República de Irlanda, Irlanda del Norte y toda Gran Bretaña honraron a este ciudadano cristiano común y corriente, que había adquirido fama por su espíritu de gracia y de perdón tan poco común. Ese espíritu se destacaba por su contraste con las violentas acciones de venganza, y su vida de pacificador llegó a simbolizar las ansias de paz que tienen muchos otros cuyos nombres nunca aparecerán en los titulares.

«Bendecir a quienes han oprimido nuestro espíritu, nos han desposeído emocionalmente, o nos han inutilizado de otras formas, es la obra más extraordinaria que podrá hacer jamás uno de nosotros», escribe Elizabeth O'Connor.

Durante el reinado del papa Juan Pablo II, otro drama de perdón personal captó la veleidosa atención del mundo. El papa Juan Pablo II entró a las profundidades de la prisión de Rebibbia, en Roma, para visitar a Mehmet Alí Agca, asesino a sueldo que había tratado de matarlo y faltó poco para que lo lograra. «Te perdono», le dijo el papa.

La revista *Time*, impresionada por el suceso, le dedicó su artículo principal, en el cual Lance Morrow escribió: «Entre otras cosas, Juan Pablo quiso demostrar de qué forma es posible fundir en las acciones morales la dimensión privada y la pública de la actividad humana [...] Quiso proclamar que las grandes cuestiones son decididas, o al menos informadas, por los impulsos elementales del pecho humano: el odio o el amor». Morrow cita después un periódico de Milán: «No podremos escapar de las guerras, del hambre, de la miseria, de la discriminación racial, de la negación de los derechos humanos, y ni siquiera de los proyectiles teledirigidos, si no hay un cambio en nuestro corazón».

Añade Morrow:

La escena de Rebibbia tuvo un esplendor simbólico. Brilló en encantador contraste con lo que el mundo ha presenciado últimamente en las noticias. Durante algún tiempo, se ha ido fortaleciendo la sospecha de que la trayectoria de la historia es descendente; de que el mundo se mueve de un desorden a otro mayor; hacia las tinieblas, o si no, hacia el gran estallido final del planeta. El simbolismo de las imágenes de Rebibbia es precisamente el mensaje cristiano de que es posible redimir a las personas; de que en ellas puede dominar la luz.

El gesto de Juan Pablo brilló más aún a causa de su oscuro escenario: la pared de hormigón desnuda de una celda, el perfecto telón de fondo para la temible ley de no perdonar. A los asesinos hay que encarcelarlos o ejecutarlos; no perdonarlos. Sin embargo, durante un instante, el mensaje del perdón irradió a través de las paredes de la prisión, mostrándole al mundo una senda de transformación, no de venganza.

Por supuesto, el papa estaba siguiendo el ejemplo de aquel que no sobrevivió a un atentado contra su vida. Los tribunales amañados de Judea hallaron la forma de sentenciar con la pena capital al único hombre perfecto que haya existido jamás. Desde la cruz, Jesús pronunció su propia contrasentencia, dándole un golpe eterno a la ley de no perdonar. Es de notar que perdonó a los que no se habían arrepentido, «porque no saben lo que hacen».

Los soldados romanos, Pilato, Herodes y los miembros del Sanedrín solo «estaban cumpliendo con su deber» —la misma pobre excusa utilizada más tarde para explicar Auschwitz, My Lai y el Gulag—, pero Jesús arrancó aquel revestimiento institucional para hablarle al corazón humano. Lo que ellos necesitaban era el perdón, por encima de todo lo demás. Nosotros, los que creemos en la expiación, sabemos que Jesús no solamente tenía a sus verdugos en mente cuando dijo esas palabras finales. Estaba pensando en nosotros. En la cruz, y solo en la cruz, le puso fin a esta ley de consecuencias eternas.

¿Importa el perdón en lugares del mundo en donde se ha hecho tanto mal? Así debe ser; si no, la gente no tendría esperanza alguna de poder convivir. Tal como aprenden muchos niños de los que se ha abusado, sin perdón no nos podemos liberar de las garras del pasado. Este mismo principio se aplica a las naciones.

Tengo un amigo cuyo matrimonio ha pasado por tiempos tumultuosos. Una noche, él superó su límite máximo de resistencia. Golpeó la mesa y el suelo. «¡Te odio!», le gritó a su esposa. «¡No lo soporto más! ¡Ya he aguantado bastante! ¡No voy a seguir adelante! ¡No voy a dejar que pase! ¡No, no y no!».

Varios meses más tarde, mi amigo se despertó en medio de la noche y oyó unos sonidos extraños que procedían del cuarto donde dormía su hijo de dos años. Salió al pasillo, se detuvo un momento junto a la puerta de su hijo y sintió que un escalofrío le recorría la piel. No pudo ni respirar. En voz baja, aquel niño de dos años estaba repitiendo, palabra por palabra, con la inflexión precisa, la discusión entre sus padres. «Te odio... No lo soporto más... ¡No, no y no!».

George se dio cuenta de que le había legado de alguna forma a la generación siguiente su dolor, su ira y su decisión de no perdonar. ¿Acaso no es eso lo que está pasando en todo el mundo ahora mismo?

Sin el perdón, el monstruo del pasado se puede despertar en cualquier momento de su hibernación para devorar el presente. Y también el futuro.

Capítulo 8

EL ARSENAL DE LA GRACIA

Walter Wink habla sobre dos pacificadores que visitaron a un grupo de cristianos polacos diez años después de terminada la Segunda Guerra Mundial. «¿Estarían dispuestos a reunirse con otros cristianos de la Alemania Occidental?», les preguntaron. «Ellos quieren pedirles perdón por lo que le hizo Alemania a Polonia durante la guerra, para comenzar a construir una relación nueva».

Al principio, reinó el silencio. Por fin, habló uno de los polacos: «Lo que ustedes nos piden es imposible. Todas las piedras de Varsovia están manchadas con sangre polaca. ¡No podemos perdonar!».

Sin embargo, antes de que se deshiciera el grupo, recitaron juntos el padrenuestro. Cuando llegaron a las palabras «y perdónanos nuestras deudas, como también nosotros hemos perdonado...», todos dejaron de orar. La tensión se agigantó en esa habitación. Aquel polaco que había hablado antes con tanta vehemencia volvió a hablar: «Tengo que decirles que sí. No podría volver a recitar el padrenuestro; no me podría seguir llamando cristiano si me niego a perdonar. Hablando humanamente, no puedo hacerlo, pero Dios nos dará su fortaleza». Año y medio más tarde, estos cristianos de Polonia y de Alemania Occidental se reunieron en Viena y entablaron lazos de amistad que perduran hasta el día de hoy.

Un libro reciente, *The Wages of Guilt* [La paga de la culpa], explora las diferencias de concepto en cuanto a las culpas de guerra de Alemania y de Japón. Los supervivientes alemanes, como los que les pidieron perdón a los polacos, tienden a aceptar la responsabilidad de los crímenes cometidos durante la guerra. Por ejemplo, cuando Willy Brandt, el alcalde de Berlín, visitó Varsovia en 1970, cayó de rodillas ante el memorial a las víctimas del gueto de Varsovia. «Este gesto... no había sido planificado», escribió. «Oprimido por los recuerdos de la historia reciente de Alemania, me limité a hacer lo que hace la gente cuando se le acaban las palabras».

En cambio, Japón se ha negado a reconocer culpa alguna por su papel en la guerra. El emperador Hirohito anunció la rendición de Japón con una pobre declaración que se ha hecho clásica: «La trayectoria de la guerra no ha evolucionado necesariamente en beneficio de Japón», y las declaraciones de la posguerra han sido igualmente calculadas. El gobierno japonés rechazó la invitación a asistir a la conmemoración del quincuagésimo aniversario de Pearl Harbor porque Estados Unidos puso como condición para su asistencia que se presentara una disculpa. «El mundo entero es responsable de la guerra», insistió un secretario del gabinete. De hecho, hasta el año 1995, Japón no utilizó la palabra «disculpa» para hablar de sus acciones.

Hoy día, los niños alemanes aprenden en la escuela sobre los detalles del Holocausto y otros crímenes nazis. Los del Japón aprenden acerca de las bombas atómicas arrojadas contra ellos, pero no acerca de la masacre de Nanking, el brutal trato dado a los prisioneros de guerra, la vivisección de los prisioneros estadounidenses o las «esclavas sexuales» extranjeras reclutadas para servir a los soldados japoneses. Como consecuencia, aún arde el resentimiento en países como China, Corea y Filipinas.

No debemos llevar demasiado lejos el contraste, porque tanto Japón como Alemania han logrado la aceptación del mundo de las naciones, señal del «perdón» internacional a su agresión. Sin embargo, Alemania ha sido recibida como miembro pleno de la nueva Europa, junto a sus antiguas víctimas, mientras que Japón está negociando aún arreglos con sus cautelosos enemigos de antes. Su lentitud para pedir disculpas ha retrasado el proceso de aceptación total.

En 1990, el mundo contempló un drama de perdón representado en el escenario de la política mundial. Después de que Alemania Oriental escogiera el parlamento en sus primeras elecciones libres, los representantes decidieron tomar las riendas del gobierno. El bloque comunista estaba cambiando cada día, Alemania Occidental estaba proponiendo el radical paso de la reunificación, y el nuevo parlamento tenía muchos asuntos de estado de gran peso que considerar. Sin embargo, como primer acto oficial, decidieron votar sobre esta extraordinaria declaración, redactada en el lenguaje de la teología y no de la política:

Nosotros, los primeros parlamentarios libremente elegidos de la RDA [...] en nombre de los ciudadanos de este país, admitimos la responsabilidad por la humillación, expulsión y asesinato de hombres, mujeres y niños judíos. Sentimos dolor y vergüenza, y reconocemos este peso sobre la historia alemana [...]. Un sufrimiento sin medida fue infligido sobre los pueblos del mundo durante la era del nacionalsocialismo [...]. Les pedimos a todos los judíos del mundo que nos perdonen. Le pedimos al pueblo de Israel que nos perdone por la hipocresía y la hostilidad de la política de Alemania Oriental hacia Israel, y también por la persecución y la humillación de los ciudadanos judíos en nuestro país después de 1945.

El parlamento de Alemania Oriental aprobó esta declaración por unanimidad. Sus miembros se pusieron de pie para hacer una larga ovación y después guardaron un momento de silencio en memoria de los judíos que habían muerto en el Holocausto.

¿Qué logró un acto como este por parte de dicho parlamento? Ciertamente, no les devolvió la vida a los judíos asesinados ni deshizo las monstruosas obras del nazismo. No; pero sí ayudó a aliviar el peso de culpa que había estado asfixiando a los alemanes orientales durante casi medio siglo, cinco décadas en las cuales su gobierno había negado constantemente que necesitara perdón alguno.

Por su parte, Alemania Occidental ya se había arrepentido oficialmente de aquellas abominaciones. Además de esto, ha pagado sesenta mil millones de dólares como compensación a los judíos. Que existan relaciones entre Alemania e Israel es una asombrosa demostración de perdón internacional. La gracia tiene su propio poder, incluso en la política mundial.

Los tiempos recientes han contemplado otros dramas públicos de perdón que se han representado en naciones controladas anteriormente por los comunistas.

En 1983, antes de que cayera la cortina de hierro y durante el período de la ley marcial, el papa Juan Pablo II visitó Polonia, donde celebró una multitudinaria misa al aire libre. Un gran gentío, organizado en grupos ordenados por sus parroquias, marchó por el puente Poniatowski para dirigirse al estadio. Inmediatamente antes de este puente, la ruta pasaba frente al edificio del Comité Central del Partido Comunista y, hora tras hora, los grupos que desfilaban fueron repitiendo al unísono: «Los perdonamos, los perdonamos», mientras pasaban junto al edificio. Algunos repetían aquel lema con una profunda sinceridad. Otros lo gritaban casi con desprecio, como diciendo: «Ustedes no son nada; ni siquiera los odiamos».

Pocos años después, Jerzy Popieluszko, sacerdote de treinta y cinco años cuyos sermones habían sacudido a Polonia, apareció flotando en el río Vístula con los ojos sacados y las uñas arrancadas. De nuevo, los católicos se tiraron a las calles y marcharon con estandartes que decían: «Perdonamos. Perdonamos». Popieluszko había predicado el mismo mensaje domingo tras domingo ante la multitud que llenaba la plaza frente a la iglesia: «Defiendan la verdad. Venzan al mal con el bien». Después de su muerte, lo siguieron obedeciendo y, al final, fue precisamente este espíritu triunfante de gracia el que hizo que se desplomara el régimen.

En toda la Europa Oriental se sigue librando aún la lucha del perdón. ¿Debe perdonar un pastor en Rusia a los funcionarios de la KGB que lo encarcelaron y arrasaron su iglesia? ¿Deben perdonar los rumanos a los médicos y las enfermeras que encadenaban a los huérfanos enfermos a sus camas? ¿Deben perdonar los ciudadanos de Alemania Oriental a las «palomas mensajeras» —incluso profesores de seminario, pastores y cónyuges desleales— que los espiaban? Cuando Vera Wollenberg, activista a favor de los derechos humanos, supo que fue su esposo el que la había entregado a la policía secreta, lo cual tuvo por consecuencia su arresto y exilio, corrió al baño a vomitar. «No quisiera que nadie pasara por el infierno por el que yo he pasado», dice.

En una ocasión, Paul Tillich definió el perdón como el acto de recordar el pasado para poder olvidarlo, principio que se aplica tanto a las personas, como a las naciones. Aunque el perdón nunca es fácil y puede necesitar generaciones, ¿qué otra cosa podría romper las cadenas que esclavizan a la gente a su pasado histórico?

Nunca olvidaré una escena que presencié en la Unión Soviética en octubre de 1991. Esta historia la conté en un librito que publiqué inmediatamente después de nuestra visita, pero merece que la vuelva a contar. En aquellos momentos, el imperio soviético se estaba desmoronando, Mijail Gorbachov tenía su cargo pendiente de un hilo y Boris Yeltsin estaba consolidando su poder día tras día. Yo acompañé a una delegación de cristianos que se reunieron con los líderes de Rusia, en respuesta a su petición de ayuda para «restaurar la moralidad» de su país.

Aunque Gorbachov y todos los funcionarios del gobierno nos habían dado una calurosa recepción, los más antiguos de nuestro grupo nos advirtieron que esperásemos un trato diferente la noche que visitáramos el cuartel central de la KGB. A pesar de que las multitudes derrumbaran de su pedestal la estatua de Feliks Dzerzhinsky, su fundador, que estaba afuera del edificio, su recuerdo seguía vivo dentro de él. Una gran fotografía de este notorio hombre colgaba aún en una pared de la sala de reuniones. Los agentes, con el rostro tan inexpresivo e impasible como sus estereotipos del cine, estaban en posición de firmes junto a la entrada de aquel auditorio con paneles de madera, mientras el general Nikolai Stolyarov, vicepresidente de la KGB, hacía su propia presentación ante nuestra delegación. Nos preparamos para enfrentar la situación.

«El que nos reunamos con ustedes aquí esta noche», comenzó diciendo el general Stolyarov, «es un giro de la trama que no habría podido concebir ni el más imaginativo de los escritores de ficción». Eso era cierto. Entonces nos sobresaltó oírlo decir: «Aquí en la URSS nos damos cuenta de que con demasiada frecuencia hemos sido negligentes en cuanto a aceptar a los que son de la fe cristiana. Con todo, no se podrán decidir las cuestiones políticas hasta que no haya un arrepentimiento sincero, un regreso del pueblo a la fe. Esa es la cruz que yo debo llevar. En el estudio del ateísmo científico estaba presente la idea de que la religión divide al pueblo. Ahora vemos lo opuesto: el amor a Dios solo puede unir».

La cabeza nos daba vueltas. ¿Dónde habría aprendido la expresión «llevar la cruz»? ¿Y la otra palabra, *arrepentimiento*? ¿Estaría haciendo una buena labor aquel intérprete? Miré a Peter y Anita Deyneka, expulsados de Rusia por trece años debido a su labor cristiana, y que ahora estaban comiendo galletas dulces allí, en las oficinas centrales de la KGB.

Joel Nederhood, un hombre refinado y gentil que hacía programas de radio y televisión para la Iglesia cristiana reformada, tenía una pregunta para Stolyarov. «General, muchos de nosotros hemos leído el informe de Solzhenitsyn sobre el Gulag. Algunos incluso han perdido allí a miembros de su familia». Su audacia tomó por sorpresa a algunos de sus colegas, y la tensión que había en aquella habitación aumentó visiblemente. «Por supuesto, su agencia es la responsable de supervisar las prisiones, incluyendo la que se halla en el sótano de este edificio. ¿Cómo responde usted a este pasado?».

Stolyarov replicó con mesura: «He hablado de arrepentimiento. Ese paso es esencial. Tal vez usted conozca la película de Abuladze que lleva ese título. No puede haber una *perestroika* sin arrepentimiento. Ha llegado el momento de arrepentirnos del pasado. Hemos quebrantado los Diez Mandamientos y lo estamos pagando hoy».

Yo sí había visto *Arrepentimiento*, por Tengiz Abuladze, y el que Stolyarov aludiera a esa película era asombroso. La película presenta detalles de falsas acusaciones, encarcelamientos forzosos, quema de iglesias... los mismos actos que le habían ganado a la KGB su reputación de crueldad, sobre todo contra la religión. En la era de Stalin, se calcula que perdieron la vida unos cuarenta y dos mil sacerdotes, y el número total de sacerdotes descendió de trescientos ochenta mil a solo ciento setenta y dos. Se clausuraron mil monasterios, sesenta seminarios, y noventa y ocho de cada cien iglesias ortodoxas.

La película *Arrepentimiento* describe estas atrocidades desde la perspectiva de un pueblo de provincias. En la escena más conmovedora de la película, las mujeres del poblado rebuscan en el lodo de un depósito de maderas, revisando un embarque de troncos que acaba de flotar río abajo. Tratan de encontrar mensajes de sus esposos, los que han cortado esos troncos en un campamento de prisioneros. Una mujer halla unas iniciales talladas en la corteza y, llorando, acaricia con ternura el tronco, su único hilo de conexión con un esposo al que no puede acariciar. La película termina con una aldeana que pregunta la forma de llegar a una iglesia. Cuando le dicen que se ha equivocado de calle, contesta: «¿Para qué sirve una calle que no lleve a ninguna iglesia?».

Ahora, sentados en los cuarteles centrales estatales de la tiranía, en una habitación construida encima de las salas de detención donde había sido interrogado Solzhenitsyn, el vicepresidente de la KGB nos estaba diciendo algo similar. ¿Para qué sirve un camino que no lleve al arrepentimiento, a los Diez Mandamientos, a una iglesia?

La reunión tomó abruptamente un giro más personal cuando Alex Leonovich se levantó para hablar. Alex había estado sentado a la cabeza de la mesa, interpretando para Stolyarov. Nativo de Bielorrusia, había escapado durante el reinado de terror de Stalin y emigrado a Estados Unidos. Durante cuarenta y seis años había estado transmitiendo programas cristianos, interferidos con frecuencia, hacia su tierra natal. Conocía personalmente a muchos cristianos que habían sido torturados y perseguidos por su fe. Para él, estar interpretando un mensaje de reconciliación como este, que venía de un alto funcionario de la KGB, era algo desconcertante y casi incomprensible.

Alex, un fornido anciano, es un excelente ejemplo de la vieja guardia de guerreros que habían estado orando por más de medio siglo para que se produjera un cambio en la Unión Soviética: el mismo cambio evidente que nosotros estábamos presenciando ahora. Le habló lentamente y con voz suave al general Stolyarov.

«General, esta organización hizo sufrir a muchos miembros de mi familia», dijo Alex. «Yo mismo tuve que dejar la tierra que amaba. Mi tío, al que quería mucho, fue enviado a un campamento de trabajo en Siberia y nunca regresó. General, usted dice que se arrepiente. Cristo nos enseñó la forma de responderle. En nombre de mi familia, en nombre de mi tío, que murió en el Gulag, yo lo perdono».

Y entonces, Alex Leonovich, evangelista cristiano, se acercó al general Nikolai Stolyarov, el vicepresidente de la KGB, y le dio un típico abrazo de oso al estilo ruso. Mientras se abrazaban, Stolyarov le susurró algo a Alex, pero no pudimos saber hasta más tarde lo que le había dicho. «Solo he llorado dos veces en mi vida. Una vez fue cuando murió mi madre. La otra ha sido esta noche».

«Me siento como Moisés», nos dijo Alex en el ómnibus aquella noche. «He visto la tierra prometida. Estoy listo para ir a la gloria».

El fotógrafo ruso que nos acompañaba no se mostró tan confiado. «Todo ha sido una actuación», nos dijo. «Se estaban poniendo una máscara para ustedes. Me resisto a creerlo». Sin embargo, él también titubeó y, poco tiempo después, nos pidió disculpas: «Tal vez me haya equivocado. Ya no sé qué creer».

Durante las próximas décadas —y tal vez siglos—, la antigua Unión Soviética se seguirá enfrentando con cuestiones relacionadas con el perdón. Afganistán, Chechenia, Armenia, Ucrania, Letonia, Lituania, Estonia; todos estos estados tienen resentimientos contra el imperio que los dominaba. Cada uno de ellos dudará sobre sus verdaderos propósitos, como le sucedió al fotógrafo que nos acompañó al cuartel general de la KGB. Por buenas razones, los rusos no confían los unos en los otros, ni confían tampoco en su gobierno. Es necesario recordar el pasado antes de poderlo superar.

A pesar de todo esto, es posible superar la historia, aunque sea de forma lenta e imperfecta. Se pueden romper realmente las cadenas de la falta de gracia. En Estados Unidos hemos tenido experiencias de reconciliación a escala nacional: nuestros archienemigos en la Segunda Guerra Mundial, Alemania y Japón, son ahora dos de nuestros aliados más firmes. Más significativo aún —y de una relevancia más directa que lugares como la antigua Unión Soviética y Yugoslavia— es que tuvimos una sangrienta Guerra Civil que lanzó a las familias unas contra otras y a la nación contra sí misma.

Yo crecí en Atlanta, estado de Georgia, donde las actitudes hacia el general Sherman, quien quemó la ciudad hasta arrasarla por completo, sugieren cómo se deben sentir los musulmanes bosnios con respecto a sus vecinos serbios. Al fin y al cabo, fue Sherman el que introdujo en la guerra moderna las tácticas de «tierra quemada», que serían perfeccionadas en los Balcanes. Nuestra nación se las arregló para sobrevivir unida. Los sureños discuten aún los méritos de la bandera confederada y del canto «Dixie», pero últimamente no he oído hablar mucho de secesión, ni de dividir la nación en enclaves étnicos. Dos de nuestros presidentes más recientes han salido de Arkansas y Georgia, estados del sur.

Después de la Guerra Civil, los políticos y los asesores le aconsejaron a Abraham Lincoln que castigara fuertemente al sur por todo el derramamiento de sangre que había causado. «¿Acaso no estoy destruyendo a mis enemigos cuando los convierto en amigos?», contestó el presidente, que, en lugar de hacer esto, puso en marcha un magnánimo plan de reconstrucción. El espíritu de Lincoln guio a la nación aun después de su muerte; tal vez sea esta la principal razón de que los Estados «Unidos» hayan sobrevivido como tales.

Más impresionantes son los pasos dados para la reconciliación entre la raza blanca y la negra, una de las cuales solía ser la *dueña* de la otra. Los efectos del racismo que aún perduran demuestran que hacen falta muchos años y mucha labor ardua para deshacer las injusticias. Con todo, cada paso que dan los afroamericanos hacia su participación en la vida social como ciudadanos implica un paso hacia el perdón. No todas las personas de color perdonan y no todos los blancos se arrepienten; el racismo divide profundamente a la nación. Sin embargo, comparemos nuestra situación con lo que ha sucedido, digamos, en la antigua Yugoslavia o en Siria. No he visto gente con ametralladoras bloqueando los caminos de acceso a Atlanta, ni fuego de artillería cayendo sobre Birmingham.

Yo crecí racista. Recuerdo bien cuando el sur practicaba una forma perfectamente legal de *apartheid*. Las tiendas del centro de Atlanta tenían tres cuartos de baño: para hombres blancos, para mujeres blancas y para gente de color. Las gasolineras tenían dos fuentes para beber agua: una para blancos y otra para gente de color. Los moteles y restaurantes solo atendían a clientes blancos y, cuando el Decreto de Derechos Civiles hizo ilegal esta discriminación, hubo muchos dueños que cerraron sus establecimientos.

Lester Maddox, elegido más tarde gobernador del estado de Georgia, fue uno de los dueños de restaurante que protestaron. Después de cerrar sus puestos de pollo frito, abrió un memorial a la muerte de la libertad, donde presentaba un ejemplar de la Declaración de Derechos de la nación puesto sobre un ataúd forrado de negro. Para sostenerse, vendía garrotes y asas de hacha de tres tamaños diferentes (papá, mamá e hijo), réplicas de los garrotes usados para golpear a las personas de color que participaban en las demostraciones a favor de sus derechos civiles. Yo compré una de aquellas asas de hacha con un dinero ganado repartiendo periódicos. Lester Maddox asistía de vez en cuando a mi iglesia (su hermana era miembro), y fue allí donde aprendí una torcida base teológica para mi racismo.

En la década del sesenta, la junta de diáconos de la iglesia movilizaba escuadrones de vigilancia que se turnaban los domingos para patrullar las entradas, no fuera a ser que algún «alborotador» de color tratara de integrarnos. Aún tengo una de las tarjetas que imprimieron los diáconos para dárselas a los manifestantes pro derechos humanos que aparecieran:

Puesto que creemos que la motivación de su grupo es ulterior y ajena a las enseñanzas de la Palabra de Dios, *no les podemos dar la bienvenida* y les pedimos respetuosamente que abandonen esta propiedad en silencio. Las Escrituras NO enseñan «la hermandad entre los hombres y la paternidad de Dios». Él es el creador de todos, pero solo es el Padre de aquellos que han sido regenerados.

Si alguno de ustedes está aquí con un sincero deseo de conocer a Jesucristo como Salvador y Señor, compartiremos gustosamente con él la Palabra de Dios.

(DECLARACIÓN UNÁNIME DEL PASTOR
Y LOS DIÁCONOS, AGOSTO DE 1960)

Cuando el Congreso aprobó el Decreto de Derechos Civiles, nuestra iglesia fundó una escuela privada como refugio para blancos, impidiéndoles expresamente la entrada a todos los estudiantes de color. Unos cuantos miembros «liberales» se marcharon de la iglesia en protesta cuando el jardín de la infancia rechazó a la hija de un profesor de Biblia que era de color, pero la mayoría de nosotros aprobábamos la decisión. Un año más tarde, la junta de la iglesia rechazó la solicitud de un estudiante del Instituto Bíblico Carver para convertirse en miembro (su nombre era Tony Evans, y se convirtió más tarde en un prominente pastor y orador).

Solíamos llamar a Martin Luther King Jr. «Martín Lucifer el Negro». Decíamos que King tenía tarjeta de identificación del partido comunista y que era un agente marxista que solo fingía ser ministro. Tuvo que pasar mucho tiempo antes de que yo pudiera valorar la fortaleza moral del hombre que, tal vez más que ninguna otra persona, evitó que estallara en el sur la guerra entre razas.

Mis compañeros blancos en la escuela y en la iglesia aclamaban los encuentros televisados de King con los jefes de policía del sur, sus perros entrenados y las mangueras de los bomberos. Poco sabíamos que, al hacerlo, estábamos actuando exactamente como lo quería King en su estrategia. Él buscaba deliberadamente a personajes como el jefe de policía Bull Connor y preparaba escenas de confrontación, aceptando golpizas, encarcelamientos y otras brutalidades, porque creía que una nación tan cómoda solo apoyaría su causa cuando viera la maldad del racismo manifestada en su extremo más repugnante. «El cristianismo», solía decir, «siempre ha insistido en que la cruz que llevamos precede a la corona que llevaremos».

King dejó escrita su lucha con el perdón en «Carta desde la cárcel de la ciudad de Birmingham». En el exterior de la cárcel había pastores sureños denunciándolo como comunista, multitudes que gritaban: «¡Ahorquen a ese negro!», y policías que blandían sus cachiporras delante de sus partidarios, que no iban armados. King escribe que tuvo que ayunar durante varios días para alcanzar la disciplina espiritual necesaria a fin de perdonar a sus enemigos.

Al obligar al mal a salir a la luz, King estaba tratando de tomar ventaja de las reservas nacionales de indignación moral, un concepto que mis amigos y yo no estábamos preparados para comprender. Muchos historiadores señalan un suceso como el punto concreto en el cual el movimiento alcanzó al fin la masa extrema de apoyo a la causa de los derechos civiles. Ese suceso se produjo en el puente de las afueras de Selma, estado de Alabama, cuando el *sheriff* Jim Clark soltó a sus policías contra unos indefensos manifestantes de color.

Estos miembros de la patrulla montada espolearon sus caballos y se lanzaron al galope contra la multitud que desfilaba, dando golpes con sus cachiporras, rompiendo cabezas y tirando cuerpos al suelo. Mientras los blancos que estaban a ambos lados daban gritos de regocijo y aclamaban, los patrulleros les tiraban gas lacrimógeno a los histéricos participantes del desfile. La mayoría de los estadounidenses vieron por vez primera esta escena cuando la cadena ABC interrumpió su película del domingo, *Juicio en Núremberg,* para presentarla. Lo que vieron los televidentes, transmitido en vivo desde Alabama, tenía un horripilante parecido con lo que estaban viendo en aquella película acerca de la Alemania nazi. Ocho días más tarde, el presidente Lyndon Johnson presentaba al Congreso de Estados Unidos el Decreto de Derecho al Voto de 1965.

King había desarrollado una complicada estrategia de guerra librada con la gracia y no con pólvora. Nunca se negó a reunirse con sus adversarios. Se oponía a las normas, pero no a las personas. Lo más importante de todo es que contrarrestaba la violencia con la no violencia y el odio con el amor. «No tratemos de satisfacer nuestra sed de libertad bebiendo de la copa de la amargura y el odio», exhortaba a sus seguidores. «No debemos permitir que nuestra protesta creativa degenere en violencia física. Una y otra vez, nos debemos alzar hasta las majestuosas alturas de quien responde a la fuerza física con la fuerza del alma».

Andrew Young, ayudante de King, recuerda aquellos turbulentos días como un tiempo en el que ellos trataban de salvar «los cuerpos de los hombres negros y las almas de los hombres blancos». Su verdadera meta, afirmaba King, no era derrotar al hombre blanco, sino «despertar una sensación de vergüenza en el opresor y desafiar su falsa sensación de superioridad [...]. La meta es la reconciliación; la meta es la redención; la meta es la creación de la comunidad amada». Y eso es lo que finalmente Martin Luther King Jr. puso en movimiento, aun en racistas empedernidos como yo. El poder de la gracia desarmó mi obstinada maldad.

Hoy en día, al recordar mi niñez, siento vergüenza, remordimiento y también arrepentimiento. A Dios le tomó años abrirse paso a través de mi armadura de franco racismo —me pregunto si en alguno de nosotros se albergan sus formas más sutiles—, y ahora veo ese pecado como uno de los más malévolos y quizá el que deje mayor huella en la sociedad. En estos días oigo hablar mucho de los ciudadanos de segunda y de la crisis en las ciudades de Estados Unidos. Los expertos culpan por turno a las drogas, a la decadencia de los valores, a la pobreza y a la destrucción del núcleo familiar. Me pregunto si todos estos problemas no serán consecuencia de una causa subyacente más profunda: nuestro antiguo pecado de racismo.

A pesar de la contaminación moral y social que significa el racismo, la nación se las arregló para permanecer unida, y la gente de todas las razas terminó uniéndose al proceso democrático, incluso en el sur. Ya hace un buen número de años que Atlanta ha estado eligiendo alcaldes de color. Y en 1976, los estadounidenses vieron la extraordinaria escena de George Wallace compareciendo ante los líderes negros de Alabama para pedirles perdón por su conducta del pasado con las personas de color, disculpa que repitió por televisión a nivel de todo el estado.

La aparición de Wallace —necesitaba el voto de los negros en una reñida competencia por el puesto de gobernador— fue más fácil de comprender que la respuesta que obtuvo. Los líderes negros aceptaron sus disculpas y los ciudadanos negros lo perdonaron, votando por él en grandes cantidades. Cuando Wallace fue a pedir disculpas a la iglesia bautista de Montgomery, desde la cual King había lanzado el movimiento de derechos civiles, entre los líderes que llegaron en esa ocasión para ofrecerle su perdón se hallaban Coretta Scott King, Jesse Jackson y el hermano del asesinado Medgar Evers.

Hasta la iglesia de mi niñez aprendió a arrepentirse. A medida que cambiaba el vecindario, la asistencia a esa iglesia iba declinando. Hace varios años asistí a un culto y me quedé asombrado de hallar solo unos cuantos centenares de personas esparcidas por el gran edificio que durante mi niñez solía estar repleto con unos mil quinientos asistentes. Parecía haber caído una maldición, una plaga sobre la iglesia. Habían buscado nuevos pastores y nuevos programas, pero nada funcionaba. Aunque los líderes trataban de lograr la participación de los afroamericanos, eran pocos los vecinos que respondían.

Por último, el pastor, compañero mío de estudios desde la niñez, dio el poco acostumbrado paso de anunciar un culto de arrepentimiento. Antes del culto, les escribió a Tony Evans y al profesor de Biblia para pedirles perdón. Entonces, públicamente y con dolor, delante de diversos líderes afroamericanos, hizo un recuento del pecado de racismo, tal como se había practicado en la iglesia en el pasado. Confesó y recibió el perdón de ellos.

Aunque pareció como si se levantara una carga de la congregación después de aquel culto, no fue suficiente para salvar a la iglesia. Pocos años más tarde, la congregación blanca se trasladó a los barrios residenciales, y hoy en día llena el edificio una dinámica congregación afroamericana, The Wings of Faith (Las alas de la fe), que una vez más hace temblar sus ventanales.

Elton Trueblood hace notar que la imagen que usó Jesús para describir el destino de la iglesia —«las puertas del Hades no prevalecerán contra ella»— es una metáfora sobre una maniobra ofensiva, no defensiva. Los cristianos están asaltando sus puertas y van a vencer. No importa el aspecto que tengan las cosas en un punto dado de la historia porque las puertas que protegen a los poderes del mal no van a soportar el ataque de la gracia.

Los periódicos prefieren centrarse en las guerras violentas: las bombas en Israel y en Londres, los escuadrones de ejecución en América Latina, el terrorismo en la India, Sri Lanka y Argelia. Estos hechos son los que producen las espantosas imágenes de rostros sangrantes y miembros amputados que hemos llegado a esperar en este siglo, el más violento de todos. Y sin embargo, nadie puede negar el poder de la gracia.

¿Quién puede olvidar las imágenes de Filipinas, cuando la gente común y corriente se arrodillaba delante de los tanques de cincuenta toneladas que se detenían bruscamente como si chocaran con un invisible escudo de oración? Filipinas es la única nación asiática con mayoría cristiana, y fue aquí donde las armas de la gracia vencieron a las armas de la tiranía. Cuando Benigno Aquino bajó del avión en Manila, inmediatamente antes de ser asesinado, tenía en la mano un discurso con esta cita de Gandhi: «El sacrificio voluntario de los inocentes es la respuesta más poderosa a la insolencia de la tiranía que haya podido concebir Dios o el hombre». Aquino nunca tuvo la oportunidad de pronunciar ese discurso, pero su vida —y la de su esposa— demostraron que aquellas palabras eran proféticas. El régimen de Marcos sufrió un golpe mortal.

La Guerra Fría, dice el exsenador Sam Nunn, «no terminó en un infierno nuclear, sino en un resplandor de velas en las iglesias de la Europa Oriental». Las procesiones a la luz de las velas en Alemania Oriental no se veían muy bien en los noticieros de la noche, pero ayudaron a cambiar la faz del planeta. Primero unos pocos centenares, después mil, después treinta mil, cincuenta mil y, por último, quinientos mil —casi la población total de la ciudad— se daban cita en Leipzig para las vigilias a la luz de las velas. Después de una reunión de oración en la iglesia de St. Nikolai, la protesta pacífica marchaba por las oscuras calles cantando himnos. Los policías y soldados, a pesar de todas sus armas, parecían impotentes ante una fuerza como aquella. Finalmente, en la noche en que una marcha similar en Berlín del Este atrajo a un millón de manifestantes, el detestado muro de Berlín se vino abajo sin que se disparara un solo tiro. A lo ancho de una calle de Leipzig apareció este letrero: *Wir danken Dir, Kirche* (Te damos las gracias, iglesia).

Como una ráfaga de aire puro que disipara las estancadas nubes de la contaminación, se extendió la revolución pacífica por todo el planeta. Solo en 1989, diez naciones (Polonia, Alemania Oriental, Hungría, Checoslovaquia, Bulgaria, Rumanía, Albania, Yugoslavia, Mongolia y la Unión Soviética) con un total de quinientos millones de habitantes pasaron por revoluciones no violentas. En muchas de ellas, la minoría cristiana desempeñó un papel decisivo. La burlona pregunta de Stalin: «¿Cuántas divisiones tiene el papa?», obtuvo su respuesta.

Entonces, en 1994, se produjo la revolución más sorprendente de todas; sorprendente porque casi todo el mundo esperaba derramamiento de sangre. Sin embargo, África del Sur era también el lugar de origen de la protesta pacífica, puesto que fue allí donde Mohandas Gandhi, estudiando a Tolstói y el Sermón del Monte, desarrolló su estrategia de la no-violencia (que más tarde adoptaría Martin Luther King Jr.). Con muchas oportunidades para practicar, los sudafricanos habían perfeccionado el uso de las armas de la gracia. Walter Wink habla de una mujer de color que iba caminando por la calle con sus hijos, cuando un hombre blanco la escupió en la cara. Ella se detuvo y le dijo: «Gracias; y ahora, a los niños». Perplejo, el hombre no supo qué responder.

En un poblado miserable, unas mujeres de color sudafricanas se encontraron rodeadas de pronto por soldados con motoniveladoras. Los soldados anunciaron por un altavoz que los residentes tenían dos minutos para salir antes de que ellos arrasaran su poblado. Las mujeres no tenían armas y los hombres del poblado se hallaban afuera trabajando. Conociendo las tendencias puritanas de los *afrikáneres* de la Iglesia reformada holandesa, las mujeres se pusieron frente a las motoniveladoras y se quitaron toda la ropa. Los policías huyeron y el poblado sigue en pie hasta el día de hoy.

Los noticieros apenas mencionaron el papel clave que desempeñó la fe cristiana en la revolución pacífica de África del Sur. Después de que un equipo de mediadores encabezado por Henry Kissinger abandonara toda esperanza de convencer al Partido Inkatha de la Libertad para que participara en las elecciones, un diplomático cristiano de Kenia se reunió en privado con todos los cabecillas, oró con ellos y los ayudó a cambiar de idea. (Una brújula de un avión que misteriosamente funcionó mal retrasó un vuelo e hizo posible esta importante reunión).

Nelson Mandela rompió la cadena de falta de gracia cuando salió de sus veintiséis años de prisión con un mensaje de perdón y reconciliación, y no de venganza. F. W. de Klerk mismo, elegido de la más pequeña y estrictamente calvinista de las iglesias sudafricanas, sintió lo que él mismo describiría más tarde como «un fuerte sentido de llamado». Le dijo a su congregación que Dios lo estaba llamando a salvar a todo el pueblo del África del Sur, aunque sabía que eso significaría que los suyos lo rechazarían.

Los líderes negros insistieron en que de Klerk pidiera perdón por el *apartheid* racial. Él puso obstáculos porque entre los que habían comenzado aquella política se hallaba su propio padre. Sin embargo, el obispo Desmond Tutu consideró esencial que el proceso de reconciliación en África del Sur comenzara con el perdón, y no quiso ceder. Según Tutu, «una lección que deberíamos poder enseñar al mundo, y que le deberíamos poder enseñar a los pueblos de Bosnia, Ruanda y Burundi, es que estamos listos para perdonar». Finalmente, de Klerk pidió perdón.

Ahora que la mayoría negra tiene poder político, se está pensando formalmente en cuestiones relacionadas con el perdón. El Ministro de Justicia usa un lenguaje abiertamente teológico cuando formula una norma. Nadie puede perdonar en nombre de las víctimas, dice; las víctimas tienen que perdonar ellas mismas. Y nadie puede perdonar sin una revelación plena; lo que sucedió, y el que lo hizo, se deben revelar primero. Además, los que cometieron las atrocidades deben estar de acuerdo en pedir perdón antes de que se les pueda conceder. Paso a paso, los sudafricanos están recordando su pasado para perdonarlo.

El perdón no es fácil ni bien definido, como lo están descubriendo los sudafricanos. Aunque el papa perdone al que quiso asesinarlo, no va a pedir que lo saquen de la prisión. Aunque se perdone a los alemanes, se les ponen restricciones a sus fuerzas armadas; se perdona a alguien que ha abusado de niños, pero se le mantiene lejos de sus víctimas; se perdona el racismo sureño, pero se establecen leyes que impidan que se vuelva a producir.

Sin embargo, las naciones que buscan el perdón, con toda su complejidad, por lo menos pueden evitar las terribles consecuencias de su alternativa: el no-perdón. En lugar de escenas de masacres y guerra civil, el mundo recibió la agradable sorpresa de ver a los sudafricanos de color en largas y serpenteantes filas, que algunas veces tenían más de kilómetro y medio, *danzando* de júbilo porque por vez primera tienen la oportunidad de votar.

Puesto que el perdón va contra la naturaleza humana, hay que enseñarlo y practicarlo, así como se practica un oficio difícil. «El perdón no es un simple acto ocasional; es una actitud permanente», decía Martin Luther King Jr. ¿Qué regalo más grande le podrían dar al mundo los cristianos que la formación de una cultura en la cual se valoran la gracia y el perdón?

Los benedictinos, por ejemplo, tienen un conmovedor culto de perdón y reconciliación. Después de dar una instrucción tomada de la Biblia, los líderes les piden a todos los asistentes que identifiquen aquellas cuestiones que necesitan ser perdonadas. Entonces, los adoradores sumergen las manos en un gran tazón de cristal lleno de agua, y «sostienen» su queja en las manos unidas en forma de cuenco. Mientras oran para tener la gracia necesaria a fin de perdonar, van abriendo poco a poco las manos para «soltar» simbólicamente aquel agravio. «La representación de una ceremonia como esta con el cuerpo», dice Bruce Demarest, quien participa en ellas, «posee un poder transformador mayor que cuando solo decimos las palabras "yo perdono"». ¿Qué pasaría si los negros y los blancos de África del Sur (o de Estados Unidos) sumergieran repetidas veces las manos en un tazón común de perdón?

En su libro *The Prisoner and the Bomb* [El prisionero y la bomba], Laurens van der Post relata sus tristes experiencias de guerra en un campamento japonés de prisioneros en Java. En aquel lugar tan poco adecuado, él llegó a esta conclusión:

> La única esperanza para el futuro se encuentra en una amplia actitud de perdón ante aquellos que han sido nuestros enemigos. El perdón, tal como me había enseñado mi experiencia en la prisión, no era un simple sentimentalismo religioso; era una ley tan fundamental para el espíritu humano como la ley de la gravedad. Si uno desobedecía la ley de la gravedad, se rompía el cuello; si desobedecía esta ley del perdón, se infligía una herida mortal

en el espíritu y se convertía de nuevo en miembro de la cadena de presidiarios atrapados en la simple secuencia de causa y efecto de la cual la vida ha luchado por tanto tiempo y con tanta angustia por escapar.

Capítulo 9

EL CRISTIANO
LLENO DE GRACIA

La vida de Simone Weil resplandeció como la brillante llama de una vela, hasta que murió a los treinta y tres años. Esta intelectual francesa decidió trabajar en granjas e industrias para identificarse con la clase trabajadora. Cuando los ejércitos de Hitler invadieron Francia, se escapó para unirse a los Franceses Libres en Londres, donde murió al complicársele la tuberculosis con la desnutrición, por haberse negado a comer más que las raciones que comían sus compatriotas que sufrían la ocupación nazi. Como único legado, esta judía que había seguido a Cristo dejó en notas y diarios dispersos un denso registro de su peregrinaje hacia Dios.

Simone Weil llegó a la conclusión de que hay dos grandes fuerzas que dominan el universo: la gravedad y la gracia. La gravedad hace que un cuerpo atraiga a otros cuerpos, de manera que vaya aumentando continuamente de tamaño, al absorber cada vez más del universo en sí mismo. Algo semejante a esta misma fuerza opera en los seres humanos.

Nosotros también queremos extendernos, adquirir, aumentar en importancia. El afán de «ser como dioses» fue, al fin y al cabo, el que llevó a Adán y Eva a rebelarse.

En lo emocional, afirmaba Weil, los seres humanos funcionamos por leyes tan inalterables como las de Newton. «Todos los movimientos *naturales* del alma están controlados por leyes análogas a las de la gravedad física. La gracia es la única excepción». La mayoría de nosotros permanecemos atrapados en el campo de gravedad del amor a sí mismo, y de esta forma «rellenamos todas las fisuras por donde podría pasar la gracia».

Más o menos al mismo tiempo que escribía Simone Weil, otro refugiado de los nazis, Karl Barth, hacía el comentario de que el don de Jesús del perdón, de la gracia, era para él más asombroso que sus milagros. Los milagros quebrantan las leyes físicas del universo; el perdón quebranta las reglas morales. «Se percibe el principio del bien en medio del mal [...]. La sencillez y la amplitud de la gracia, ¿quién las puede medir?».

En verdad, ¿quién las podrá medir? Apenas he recorrido el perímetro de la gracia, como el que camina alrededor de una catedral demasiado grande e imponente para contemplarla de una sola vez. Ahora termino con una pregunta final: ¿cómo se ve un cristiano que está lleno de gracia?

Tal vez debería formular la pregunta con otro énfasis: ¿cómo *ve* un cristiano lleno de gracia? Creo que la vida cristiana no se centra primordialmente en la ética ni en las reglas, sino que más bien comprende una nueva manera de ver. Escapo a la fuerza de «gravedad» espiritual cuando comienzo a verme a mí mismo como un pecador incapaz de agradar a Dios con ningún método para mejorarme o engrandecerme a mí mismo. Solo entonces podré acudir a él en busca de esa ayuda exterior —la gracia— y, para asombro mío, descubrir que hay un Dios santo que me ama a pesar de mis defectos. Escapo de nuevo a la fuerza de gravedad cuando reconozco también a mi prójimo como pecador amado por Dios. Un cristiano lleno de gracia es alguien que mira el mundo a través de «cristales coloreados por la gracia».

Un pastor amigo mío estaba estudiando el texto asignado para aquel día, tomado de Mateo 7, donde Jesús dice, más bien con cierta violencia: «Muchos me dirán en aquel día: "Señor, Señor, ¿no profetizamos en tu nombre, y en tu nombre echamos fuera demonios, y en tu nombre hicimos muchos milagros?". Y entonces les declararé: "Jamás os conocí; APARTAOS DE MÍ, LOS QUE PRACTICÁIS LA INIQUIDAD"».

Las palabras «jamás os conocí» parecieron saltar de la página. Jesús intencionadamente no dijo: «Ustedes *nunca* me conocieron», ni «Ustedes nunca conocieron al Padre». Mi amigo comprendió que una de nuestras tareas principales, tal vez la más importante de todas, es darnos a conocer a Dios. Las buenas obras no bastan —«¿no profetizamos en tu nombre?»—; toda relación con Dios se debe basar en una revelación completa de nosotros mismos. Tenemos que quitarnos las máscaras.

«No lo podremos hallar, a menos que sepamos que lo necesitamos», escribió Thomas Merton. Para alguien que haya crecido con un fuerte fondo eclesiástico, llegar a comprender esto no resulta nada fácil. Mi propia iglesia tendía al perfeccionismo, lo cual nos tentaba a seguir el ejemplo de Ananías y Safira, y hacer una presentación engañosa de nuestra propia espiritualidad. Los domingos, había familias que salían de su auto muy limpias y relucientes, con la sonrisa en el rostro, aunque como descubríamos más tarde, se habían estado peleando brutalmente durante toda la semana.

Cuando era niño, me comportaba lo mejor posible los domingos por la mañana; me vestía de gala para Dios y para los cristianos que me rodeaban. Nunca se me ocurrió que la iglesia era un lugar donde se debía ser sincero. En cambio, ahora, al tratar de mirar el mundo a través del cristal de la gracia, me doy cuenta de que la imperfección es el requisito previo para esa gracia. La luz solo se abre paso a través de las rendijas.

Mi orgullo sigue tratando de hacer que presente una buena fachada, que limpie bien las apariencias. «Es fácil reconocer», decía C. S. Lewis, «pero casi imposible darse cuenta por largo tiempo, de que somos espejos cuyo brillo, si es que lo tenemos, se deriva en su totalidad del sol que resplandece sobre nosotros. Con toda seguridad, debemos tener un poco de luminosidad propia, aunque sea un poco. Con toda seguridad, no podemos ser *enteramente* criaturas». Sigue diciendo: «La gracia sustituye esto con una aceptación plena, infantil y deleitosa de nuestra necesidad: el gozo de la dependencia total. Nos convertimos en "pordioseros alegres"».

Como criaturas, como pordioseros alegres, le damos gloria a Dios con nuestra dependencia. Nuestras heridas y defectos son las fisuras mismas a través de las cuales la gracia puede pasar. Nuestro destino humano sobre la tierra consiste en ser imperfectos, incompletos, débiles y mortales, y solo aceptar ese destino nos permite escapar a la fuerza de gravedad para recibir gracia. Solo entonces nos podremos acercar cada vez más a Dios.

Es extraño, pero Dios está más cerca de los pecadores que de los «santos». (Aquí entiendo por «santos» a aquellas personas famosas por su piedad; los santos auténticos nunca pierden de vista su pecaminosidad). Un conferencista sobre temas de espiritualidad lo explica así: «Desde el cielo, Dios tiene a cada persona sostenida por un hilo. Cuando usted peca, está cortando ese hilo. Entonces, Dios lo vuelve a atar, haciendo un nudo y, de esa manera, acercándolo un poco más a Él. Una y otra vez, sus pecados cortan la cuerda y, con cada nuevo nudo, Dios lo va acercando a sí mismo más y más».

Una vez que cambió el concepto que tenía de mí mismo, comencé a ver a la iglesia también bajo una luz distinta, como una comunidad de personas sedientas de gracia. Al igual que los alcohólicos en camino a la recuperación, compartimos una debilidad reconocida por todos. La gravedad nos tienta para que creamos que podemos triunfar solos; la gracia corrige ese error.

Dios necesita gente humilde (lo cual suele significar que se trata de gente *humillada*) para realizar su obra. Cualquier cosa que nos haga sentirnos superiores a otros, cualquier cosa que nos tiente a manifestar una sensación de superioridad, es gravedad y no gracia.

Los lectores de los Evangelios se maravillan de la capacidad que tenía Jesús para moverse tranquilamente entre los pecadores y los parias. Puesto que he pasado tiempo entre los «pecadores» y también entre los que son considerados «santos», tengo la corazonada de que sé por qué Jesús pasaba tanto tiempo con el primer grupo: me parece que prefería su compañía. Como los pecadores eran sinceros acerca de sí mismos y no andaban con fingimientos, Jesús podía tratarlos. En cambio, los santos fingían lo que no eran, lo criticaban y trataban de atraparlo en debates sobre moralidad. Al final, fueron los santos y no los pecadores los que lo arrestaron.

Recordemos el relato de la cena de Jesús en casa de Simón el fariseo, durante la cual una mujer no muy distinta a una prostituta común derramó perfume sobre Jesús y le secó provocativamente los pies con su cabello. Simón sintió repugnancia; una mujer así no merecía ni siquiera entrar a su casa. He aquí como respondió Jesús en medio de aquella tensa atmósfera:

> Y volviéndose hacia la mujer, le dijo a Simón: ¿Ves esta mujer? Yo entré a tu casa y no me diste agua para los pies, pero ella ha regado mis pies con sus lágrimas y *los* ha secado con sus cabellos. No me diste beso, pero ella, desde que entré, no ha cesado de besar mis pies. No ungiste mi cabeza con aceite, pero ella ungió mis pies con perfume. Por lo cual te digo que sus pecados, que son muchos, han sido perdonados, porque amó mucho; pero a quien poco se le perdona, poco ama.

Me pregunto ¿por qué la iglesia presenta a veces el espíritu de Simón el fariseo y no el de aquella mujer perdonada? ¿Por qué yo mismo lo hago con frecuencia?

Una novela publicada hace más de un siglo, *The Damnation of Theron Ware* [La perdición de Theron Ware], me dio una imagen perdurable de lo que debe ser la iglesia. Un médico escéptico, hablándoles a un pastor fundamentalista y a un sacerdote católico, les dijo: «Si no les importa que yo diga algo —por supuesto, yo los veo a todos ustedes con imparcialidad desde el exterior—, me parece lógico que la iglesia exista para los que necesitan su ayuda, y no para los que, por confesión propia, son tan buenos, ya que son ellos los que ayudan a la iglesia». Entonces, aquel escéptico describió la iglesia como un lugar que debía mantener la gracia al alcance de todos. «Hay quienes vienen todos los días; algunos solo una vez al año; otros tal vez nunca entre su bautismo y su servicio fúnebre. Sin embargo, todos tienen sus derechos aquí; tanto el ladrón profesional como el santo impecable. La única condición es que no deben venir fingiendo lo que no son...».

Esa imagen de la iglesia poniendo la gracia al alcance de todos me conmueve de una manera especial debido a un grupo de Alcohólicos Anónimos que se reunía en el sótano de mi iglesia en Chicago. Los Alcohólicos Anónimos no pueden conseguir que muchas iglesias les presten sus dependencias, por una razón muy práctica: sus grupos suelen ocasionar problemas. Los miembros de esta asociación combaten los demonios de la dependencia de las drogas y del alcohol, apoyándose en los demonios menores del cigarrillo y el café, y son pocas las iglesias que están dispuestas a soportar las manchas en los suelos y las mesas, y el daño del humo a las paredes y los cortinajes. La iglesia a la que yo asistía decidió abrirles sus puertas a pesar de todo.

Asistí varias veces a los AA como acto de solidaridad con un amigo alcohólico que se estaba recuperando. La primera vez que lo acompañé, me sentí sobrecogido ante lo que vi porque en muchos sentidos se parecía a la iglesia del Nuevo Testamento. Un famoso locutor de televisión y varios millonarios prominentes se mezclaban con toda tranquilidad con estudiantes fracasados sin trabajo y jovencitos que usaban vendas para cubrir los pinchazos de aguja que tenían en los brazos. El «momento para compartir» funcionaba como un típico grupo pequeño: se escuchaba compasivamente, se respondía con afecto y abundaban los abrazos. Las presentaciones eran de este tipo: «Hola, me llamo Tom, y soy alcohólico y drogadicto». De inmediato, todos gritaban al unísono como en un coro griego: «¡Hola, Tom!». Cada asistente daba un informe personal de su avance en la batalla con su dependencia.

Con el tiempo, me di cuenta de que AA descansa sobre dos principios: una sinceridad radical y una dependencia también radical. Estos son los mismos principios expresados en el padrenuestro, el breve sumario hecho por Jesús sobre la vida «día por día» y; de hecho, muchos grupos de AA recitan el padrenuestro juntos en cada reunión.

En AA nunca se permite que una persona diga: «Hola, me llamo Tom. Yo era alcohólico, pero ya estoy curado». Aunque Tom no haya bebido una gota en treinta años, aún se debe identificar como alcohólico; al negar su debilidad, se convertiría en víctima de esta. Tom tampoco podría decir nunca: «Yo seré alcohólico, pero no estoy tan mal como esta chica, Betty. Ella es adicta a la cocaína». En este lugar, todo el mundo está al mismo nivel.

Así lo describe Lewis Meyer:

> Es el único lugar que conozco donde la posición social no significa nada. Nadie engaña a nadie.

Todos están aquí porque han convertido su vida en un repugnante revoltijo y están tratando de volverse a enderezar [...]. He asistido a miles de reuniones en las iglesias, las logias, las fraternidades; y sin embargo, nunca he hallado la clase de amor que encuentro en AA. Durante una breve hora, los encumbrados y poderosos descienden, y los humildes ascienden. La nivelación resultante es lo que quiere decir la gente cuando usa la palabra hermandad.

Para la «cura», el programa de AA exige de sus miembros una confianza radical en el Poder Superior y en sus compañeros de lucha. En los grupos a los que he asistido, la mayoría de la gente sustituye la expresión Poder Superior por la Palabra Dios. Le piden abiertamente perdón y fortaleza a Dios, y les piden apoyo a los amigos que los rodean. Acuden a AA porque creen que allí la gracia se halla a su disposición.

Algunas veces, mientras subía y bajaba las escaleras que van del santuario de nuestra iglesia al sótano, pensaba en el contraste entre lo que pasaba arriba los domingos por la mañana y lo que pasaba abajo los martes por la noche. Solo unos pocos de los que se reunían allí los martes por la noche volvían los domingos. Aunque agradecían la generosidad de la iglesia al facilitarles su sótano, los miembros de AA con los que hablé me dijeron que no se sentirían cómodos en la iglesia. La gente de arriba parecía llevar una vida estable, mientras que ellos apenas estaban sobreviviendo. Se sentían más cómodos entre las nubes de humo azul, arrellanados en sillas de metal con pantalones vaqueros y camiseta, y usando malas palabras si tenían ganas de hacerlo. Ese era su lugar; no un santuario con vitrales y bancas de respaldar recto.

Habría hecho falta que tanto ellos como las personas que asistíamos a la iglesia comprendiéramos que, en algunas de las lecciones de espiritualidad más importantes, los miembros del grupo del sótano nos superaban. Comenzaban con una sinceridad radical y terminaban con una dependencia radical. Sedientos, acudían cada semana como «pordioseros alegres» porque AA era el único lugar que ponía la gracia a su disposición.

Algunas veces, me tocaba predicar en mi iglesia y después ayudar en la ceremonia de la comunión. «No comulgo porque sea una buena católica: santa, piadosa y acicalada», escribe Nancy Mairs acerca de la eucaristía. «Comulgo porque soy una mala católica, repleta de dudas, de ansiedad y de ira; a punto de desmayarme por una fuerte hipoglicemia del alma». Después de pronunciar el sermón, yo ayudaba a alimentar a las almas hambrientas.

En mi iglesia, los que deseaban participar pasaban al frente, se quedaban de pie callados haciendo un semicírculo, y esperaban que nosotros les lleváramos los elementos. «El cuerpo de Cristo quebrantado por ti», yo decía, mientras le alcanzaba una hogaza de pan a la persona que tenía delante para que partiera un pedazo. «La sangre de Cristo derramada por ti», decía el pastor, que venía detrás de mí, sosteniendo un cáliz común.

Como mi esposa trabajaba para la iglesia y yo di allí una clase durante muchos años, conocía la historia de algunas de las personas que tenía delante. Sabía que Mabel, la mujer del pelo pajizo y algo encorvada que acudía al centro para personas ancianas, había sido prostituta. Mi esposa llevaba siete años trabajando con ella, cuando por fin le confesó el oscuro secreto que llevaba sepultado dentro. Hacía cincuenta años que había vendido a su única hija. Su familia la había rechazado mucho antes, el embarazo había eliminado su fuente de ingresos y sabía que iba a ser una madre terrible, así que le vendió la niña a un matrimonio de Míchigan. Nunca se lo pudo perdonar, decía. Ahora estaba de pie, junto al comulgatorio, con unas manchas de carmín pegadas a las mejillas como si fueran discos de papel, con las manos extendidas y esperando recibir el don de la gracia. «El cuerpo de Cristo quebrantado por ti, Mabel...».

Además de Mabel, estaban Gus y Mildred, protagonistas de la única ceremonia nupcial celebrada jamás entre los ancianos de la iglesia. Habían perdido ciento cincuenta dólares al mes en beneficios de la Seguridad Social, por casarse en lugar de solo vivir juntos, pero Gus insistió. Decía que Mildred era la luz de su vida y que no le importaba vivir en la pobreza, siempre que la viviera con ella a su lado. «La sangre de Cristo derramada por ti, Gus, y por ti, Mildred...».

Después venía Adolphus, un airado joven de color cuyos peores temores acerca de la raza humana habían quedado confirmados en Vietnam. Adolphus espantaba a la gente de la iglesia. En una ocasión, en una clase que yo estaba dando sobre el libro de Josué, Adolphus levantó la mano e hizo este pronunciamiento: «Quisiera tener un rifle M-16 en este momento. Mataría a todos los blancos que están en este cuarto». Un anciano de la iglesia que era médico se lo llevó aparte después y le habló, insistiendo en que se tomara sus medicinas antes de los cultos del domingo. La iglesia soportaba a Adolphus porque sabíamos que él no procedía solo de un ambiente de ira, sino también de hambre. Si perdía el ómnibus, y nadie le había ofrecido llevarlo, a veces caminaba los ocho kilómetros para llegar a la iglesia. «El cuerpo de Cristo quebrantado por ti, Adolphus…».

Les sonreí a Christina y Reiner, un elegante matrimonio alemán que trabaja con la Universidad de Chicago. Ambos tienen un doctorado en Filosofía y proceden de la misma comunidad pietista del sur de Alemania. Nos habían hablado de los efectos que ha tenido a nivel mundial el movimiento moravo, que aún influye sobre su iglesia de origen, pero ahora ellos están batallando con el mismo mensaje que tanto estiman. Su hijo acaba de salir en un viaje misionero a la India. Piensa vivir durante un año en la peor barriada de Calcuta. Christina y Reiner siempre han honrado este tipo de sacrificio personal, pero ahora que se trata de su propio hijo, todo parece diferente. Temen por su salud y su seguridad. Christina escondió el rostro entre las manos, y las lágrimas se escurrían entre sus dedos. «La sangre de Cristo derramada por ti, Christina, y por ti, Reiner…».

Después estaba Sarah, con la cabeza rapada cubierta por un turbante y con una cicatriz donde los médicos le habían quitado un tumor cerebral. Y Michael, que tartamudeaba tanto que se encogía físicamente cada vez que alguien le dirigía la palabra. Y María, la extravagante y obesa mujer italiana que se acababa de casar por cuarta vez. «Este será diferente; lo sé».

«El cuerpo de Cristo… la sangre de Cristo…». ¿A gente así, qué le podíamos ofrecer sino la gracia, puesta a su disposición? ¿Hay algo mejor que pueda ofrecer la iglesia que los «medios de gracia»? ¿Gracia aquí, entre estas familias destrozadas y estas personas que apenas pueden con la vida? Sí, aquí. Al fin y al cabo, tal vez la iglesia de arriba no fuera tan distinta al grupo de AA del sótano.

Por extraño que parezca, el cristal de la gracia revela a los que se hallan fuera de la iglesia con esta misma luz. Al igual que yo, al igual que todos los que se hallan dentro de la iglesia, ellos también son pecadores a los que Dios ama. Hijos perdidos, algunos de los cuales se han alejado mucho del hogar, pero, aun así, el Padre sigue estando listo para recibirlos de vuelta con gozo y con celebración.

Adivinos en medio del desierto, los artistas y pensadores modernos buscan en vano fuentes alternas de gracia. «Lo que necesita el mundo, y me avergüenza decirlo, es amor cristiano», escribió Bertrand Russell. Poco antes de morir, la humanista y novelista secular Marghanita Laski dijo en una entrevista para la televisión: «Lo que más les envidio a ustedes los cristianos es el perdón. Yo no tengo a nadie que me perdone». Y Douglas Coupland, que popularizó la expresión *generación X*, llegaba a esta conclusión en su libro *La vida después de Dios*: «Mi secreto es que necesito a Dios, que estoy enfermo y ya no puedo salir adelante solo. Necesito que Dios me ayude a dar, porque parece que ya no soy capaz de seguir dando; que me ayude a ser bondadoso, puesto que ya no parezco ser capaz de bondad alguna; que me ayude a amar, porque parezco estar más allá de la capacidad de amar».

Me maravilla la ternura de Jesús al tratar con gente que expresaba este tipo de añoranzas. Juan relata la conversación improvisada que tuvo Jesús con una mujer junto a un pozo. En aquellos tiempos, era el esposo el que iniciaba el proceso de divorcio: cinco hombres distintos habían desechado a aquella mujer samaritana. Jesús habría podido comenzar señalando el desastre en que ella había convertido su vida. Sin embargo, no le dijo: «Joven, ¿te das cuenta de lo inmoral que es lo que estás haciendo, viviendo con un hombre que no es tu esposo?». En cambio, lo que le comentó significaba en realidad: *Percibo que tienes mucha sed*. Entonces le dijo que el agua que ella estaba bebiendo, nunca la iba a satisfacer, y le ofreció un agua viva que le saciaría la sed para siempre.

Yo trato de recordar este espíritu de Jesús cuando me encuentro con alguien cuya moralidad no puedo aprobar. *Esta persona debe tener mucha sed*, me digo a mí mismo. Una vez hablé con el sacerdote Henri Nouwen cuando acababa de regresar de San Francisco. Había visitado varios ministerios dedicados a las víctimas de sida y sus tristes historias lo habían movido a compasión. «Están tan desesperados por recibir amor que, literalmente, es eso lo que los está matando», me dijo. Los veía como unos seres humanos sedientos que jadeaban en busca de un agua equivocada.

Cuando siento la tentación de rechazar con horror a los pecadores, a la gente «distinta», recuerdo cómo deben haber sido las cosas para Jesús mientras vivía en la tierra. Perfecto y sin pecado, Jesús tenía todo derecho a sentir repugnancia por la conducta de los que lo rodeaban. Sin embargo, trató a los pecadores más notorios con misericordia y no con juicio.

El que ha sido tocado por la gracia nunca volverá a mirar a los que se descarrían como «esa gente malvada» o «esos pobres infelices que necesitan nuestra ayuda». Tampoco necesitamos escudriñar en busca de señales de que «son dignos de amor». La gracia nos enseña que Dios nos ama por ser él lo que es, no por ser nosotros lo que somos. Aquí no se pueden aplicar categorías sobre quién es más digno o menos. En su autobiografía, el filósofo alemán Friedrich Nietzsche habla de su capacidad para «olfatear» los rincones más recónditos de toda alma, en especial, «la abundante suciedad escondida en el fondo de muchas personalidades». Nietzsche era un maestro de la falta de gracia. Nosotros estamos llamados a hacer lo opuesto: olfatear los residuos de valores escondidos.

En una escena de la película *Tallo de hierro*, los personajes representados por Jack Nicholson y Meryl Streep se encuentran con una anciana esquimal tirada en la nieve, tal vez ebria. Embriagados ellos mismos, discuten lo que deben hacer con ella.

—¿Está borracha o es una indigente?, —pregunta Nicholson.

—Es una indigente. Lo ha sido toda la vida.

—Y, ¿antes de eso?

—Era prostituta en Alaska.

—No habrá sido prostituta toda la vida. ¿Y antes de serlo?

—No sé. Sería niña, supongo.

—Bueno, una niña ya es algo. No es una indigente, ni tampoco una prostituta. Es algo. Vamos a llevarla adentro.

Aquellos dos vagabundos estaban viendo a la mujer esquimal a través del cristal de la gracia. Donde la sociedad solo veía a una indigente y una prostituta, la gracia veía a «una niña»; una persona hecha a imagen de Dios, por mucho que aquella imagen se hubiera desfigurado.

El cristianismo tiene un principio: «Odia el pecado, pero ama al pecador», que es más fácil de predicar que de practicar. Bastaría con que los cristianos recuperáramos esa práctica, de la cual Jesús fue un modelo tan exquisito, para que camináramos un gran trecho en el cumplimiento de nuestro llamado a dispensar la gracia de Dios. Durante largo tiempo, informa C. S. Lewis, él nunca pudo comprender la nimia distinción entre el odio hacia el pecado de una persona y el odio al pecador. ¿De qué manera se podía odiar lo que hiciera un hombre, sin odiarlo a él?

> No obstante, años más tarde me di cuenta de que existía un hombre con el que había estado haciendo eso toda la vida: yo mismo. Por mucho que me disgustara mi propia cobardía o vanidad o codicia, seguía amándome. Nunca había tenido dificultad alguna en hacerlo. De hecho, la razón misma por la que odiaba aquellas cosas era que amaba al hombre. Precisamente porque me amaba, me lamentaba al encontrar que era de la clase de hombres que hacían esas cosas.

Los cristianos no debemos hacer concesiones en cuanto a odiar el pecado, dice Lewis. Debemos odiar el pecado de los demás de la misma forma que odiamos el que hay en nosotros mismos: sentir lástima de que la persona haya hecho esas cosas y esperar que, de alguna forma, en algún momento y lugar, esa persona quede curada.

El documental de Bill Moyers sobre el himno «Sublime gracia» incluye una escena filmada en el estadio Wembley de Londres. Diversos grupos musicales, la mayoría grupos de *rock*, se habían reunido para celebrar los cambios

sucedidos en Sudáfrica, y por alguna razón, los promoto-
res pusieron en el programa a Jessye Norman, cantante de
ópera, para que cerrara el acto.

El documental va pasando por escenas donde aparece la
desordenada multitud que había en el estadio, intercalando
escenas de la entrevista con Jessye Norman. Durante doce
horas, grupos de *rock* habían estado haciendo resonar a la
multitud por medio de montones de altavoces, sacando de
quicio a unos fanáticos ya atolondrados con el alcohol y las
drogas. La multitud grita para que los grupos vuelvan a salir
al escenario, y los grupos de *rock* la complacen. Mientras
tanto, Jessye Norman está sentada en su camerino hablando
con Moyers sobre el himno «Sublime gracia».

Por supuesto, este himno fue escrito por John Newton,
un traficante de esclavos duro y cruel. Newton clamó por
vez primera a Dios en medio de una tormenta que faltó poco
para que lo tirara al agua. Fue viendo la luz gradualmente y
continuó siendo traficante, incluso después de convertido.
Compuso el himno «Cuán dulce suena el nombre de Jesús»
mientras esperaba un cargamento de esclavos en una bahía
africana. Sin embargo, más tarde renunció a su profesión,
se hizo ministro y se unió a William Wilberforce en su
lucha contra la esclavitud. John Newton nunca perdió de
vista las profundidades de las que había sido levantado.
Nunca perdió de vista la gracia. Cuando escribió las palabras «que salvó a un miserable como yo», era totalmente
sincero.

En el documental, Jessye Norman le dice a Bill Moyers
que es posible que Newton hubiera tomado prestada una
vieja melodía que cantaban los propios esclavos, redimiendo
así el canto, tal como él había sido redimido.

Por último, le llega el momento de cantar. Un solo círculo de luz sigue a Jessye Norman, majestuosa mujer afroamericana vestida con un vaporoso *dashiki* africano, mientras entra al escenario. No la acompaña una orquesta ni instrumento musical alguno; solo es ella. La multitud se agita inquieta. Son pocos los que reconocen a la diva operática. Una voz grita para pedir que vuelva el grupo Dire Straits. Otros secundan el grito. La escena se vuelve desagradable.

Sola, *a capella*, Jessye Norman comienza a cantar, muy lentamente:

> Sublime gracia del Señor
>> que a un infeliz salvó;
>> fui ciego mas hoy veo yo, perdido y él me halló.

Algo sorprendente sucede aquella noche en el estadio Wembley. Setenta mil fanáticos revoltosos se callan ante aquella aria sobre la gracia.

Cuando la soprano llega a la segunda estrofa: «Su gracia me enseñó a temer; mis dudas ahuyentó; ¡Oh cuán precioso fue a mi ser cuando él me transformó!», tiene ya a la multitud en la mano.

Al llegar a la tercera estrofa: «En los peligros y aflicción que yo he tenido aquí, su gracia siempre me libró y me guiará feliz», varios miles de fanáticos están cantando ya junto con ella, buscando muy lejos, en unos recuerdos casi perdidos, unas palabras que habían oído hacía mucho tiempo.

> Y cuando en Sion
>> por siglos mil brillando esté cual sol,

yo cantaré por siempre allí
su amor que me salvó.

Más tarde, Jessye Norman confesaría que no tenía idea de qué poder había descendido aquella noche sobre el estadio Wembley. Yo creo que lo conozco. El mundo está sediento de gracia. Cuando la gracia desciende, el mundo calla delante de ella.

FUENTES

CAPÍTULO 1

3 *«Lewis»*: C. S. Lewis, *Mero Cristianismo* (Nueva York: HarperOne, 2006).

4 *«Tutu»*: Citado en Marina Cantacuzino, *The Forgiveness Project: Stories for a Vengeful Age* (Londres: Jessica Kingsley Publisher, 2015), p. viii.

5 *«No perdonar»*: Anne Lamott, *Plan B: Further Thoughts on Faith* (Nueva York: Riverhead Books, 2005), p. 47.

5 *«Padre, perdónalos»*: Lucas 23:34.

6 *«Habeís oido»*: Mateo 5:43–48.

6 *«Wright»*: N. T. Wright, *Evil and the Justice of God* (Downers Grove, IL: InterVarsity Press, 2006), p. 136.

7 *«Pastorea mis ovejas»*: Juan 21:17.

CAPÍTULO 2

13 *«Este hijo mío»*: Lucas 15:24.

14 *«Y cuando todavía»*: Lucas 15:20.

15 *«De la misma manera»*: Lucas 15:10.

15 *«Nouwen»*: Henri J. M. Nouwen, *The Return of the Prodigal Son* (Nueva York: Doubleday/Image, 1994), p. 114. [*El regreso del hijo pródigo* (PPC Editorial, 1992)].

17 *«Dios, ten piedad»*: Lucas 18:13.

17 *«Habrá más gozo»*: Lucas 15:7.

17 *«Jesús, acuérdate de mí»*: Lucas 23:42–43.

18 *«Kierkegaard»*: Søren Kierkegaard, *Training in Christianity* (Princeton: Princeton University Press, 1947), p. 20 [*Ejercitación del cristianismo* (Madrid: Editorial Trotta, S. A., 2009)].

20 *«Este [...] estaba muerto»*: Lucas 15:32.

CAPÍTULO 3

21 *«Señor, ¿cuántas veces»*: Mateo 18:21–22.

22 *«¡Paga»*: Mateo 18:28.

23 *«Lewis»*: C. S. Lewis, «On Forgiveness», en *The Weight of Glory and Other Addresses* (New York: Collier Books/Macmillan, 1980), p. 125 [«Sobre el perdón», en *El peso de la gloria* (Nashville: HarperCollins Español, 2016)].

23 *«Lewis mismo»*: C. S. Lewis y Don Giovanni Calabria, *Letters* (Ann Arbor, MI: Servant Books, 1988), p. 67.

23 *«Volf»*: Miroslav Volf, *Exclusion and Embrace* (Nashville, TN: Abingdon Press, 1996), p. 85.

24 *«Porque mis pensamientos»*: Isaías 55:8–9.

25 *«No persistirá»*: Miqueas 7:18.

25 *«La espada girará»*: Oseas 11:6–9.

25 *«Ve otra vez, ama»*: Oseas 3:1.

26 *«Pero donde el pecado abundó»*: Romanos 5:20.

27   «*Buechner*»: Frederick Buechner, *The Longing for Home* (San Francisco: HarperCollins, 1996), p. 175.

27   «*Sayers*»: Dorothy L. Sayers, *Christian Letters to a Post-Christian World* (Grand Rapids: Eerdmans, 1969), p. 45.

28   «*El doctor Bob Smith*», relato contado por Ernest Kurtz, *The Spirituality of Imperfection* (Nueva York: Bantam, 1994), pp. 105–6.

31   «*Donne*»: John Donne, *John Donne's Sermons on the Psalms and the Gospels* (Berkeley: University of California Press, 1963), p. 22.

33   «*el Dios de toda gracia*»: 1 Pedro 5:10.

CAPÍTULO 4

41   «*moneda perdida, oveja perdida*»: Lucas 15:20.

41   «*Misionero en el Líbano*»: Kenneth E. Bailey, *Poet & Peasant* (Grand Rapids: Eerdmans, 1976), pp. 161-64, 181.

CAPÍTULO 5

46   «*Tolstói*»: William L. Shirer, *Love and Hatred: The Stormy Marriage of Leo and Sonya Tolstoy* (Nueva York: Simon & Schuster, 1994), pp. 26, 65-67 [*Amor y odio: El tormentoso matrimonio de Sonia y León Tolstói* (Madrid: Anaya & Mario Muchnik, 1997)].

47   «*Auden*»: W. H. Auden, «*September 1, 1939*», en *Selected Poems* (Nueva York: Vintage Books/Random House, 1979), p. 86.

48   «*O'Connor*»: Elizabeth O'Connor, *Cry Pain, Cry Hope* (Waco, TX: Word Books, 1987), p. 167.

48 «*Bombeck*»: Erma Bombeck, *At Wit's End*. (N. p. Thorndike Large Print Edition, 1984), p. 63.

49 «*y perdónanos*»: Mateo 6:12.

49 «*Williams*»: Charles Williams, *The Forgiveness of Sins* (Grand Rapids: Eerdmans, 1984), p. 66.

49 «*Pero si no*»: Mateo 6:15.

49 «*Dryden*»: Louis I. Bredvold, ed., *The Best of Dryden* (Nueva York: T. Nelson and Sons, 1933), p. 20.

50 «*Por tanto, si estás presentando tu ofrenda*»: Mateo 5:23–24.

50 «*Así también*»: Mateo 18:35.

51 «*Para que seáis hijos*»: Mateo 5:44–47.

52 «*Bonhoeffer*»: Dietrich Bonhoeffer, *The Cost of Discipleship* (Nueva York: Macmillan, 1959), pp. 134-35 [*El precio de la gracia* (Salamanca: Ediciones Sígueme S. A., 1995)].

54 «*Thielicke*»: Helmut Thielicke, *The Waiting Father* (San Francisco: Harper & Row, 1959), p. 133.

56 «*Nouwen*»: Henri Nouwen, *The Return of the Prodigal Son* (Nueva York: Doubleday/Image, 1994), pp. 129–30 [*El regreso del hijo pródigo* (PPC Editorial, 1992)].

57 «*Amados, nunca os venguéis*»: Romanos 12:19.

CAPÍTULO 6

63 «*Lutero*»: Citado en «Colorful Sayings of Colorful Luther», en *Christian History*, vol. 34, p. 27.

63 «*García Márquez*»: Gabriel García Márquez, *El Amor en los tiempos del cólera* (Buenos Aires: Editorial Sudamericana, 2005), pp. 30-31.

64 *«Mauriac»*: François Mauriac, *Nudo de víboras* (Barcelona: Orbis, 1982).

64 *«Karr»*: Mary Karr, *El club de los mentirosos* (Periférica & Errata Naturae, 2019).

66 *«Smedes»*: Lewis B. Smedes, *Shame and Grace* (San Francisco: HarperCollins, 1993), pp. 80, 31.

68 *«Trapp»*: Kathryn Watterson, *Not by the Sword* (Nueva York: Simon & Schuster, 1995).

69 *«Hugo»*: Víctor Hugo, *Les Misérables* (Nueva York: Penguin, 1976), p. 111 [*Los Miserables* (Madrid: Edimat Libros, 2014)].

71 *«Smedes»*: Lewis B. Smedes, *«Forgiveness: the Power to Change the Past»*, en *Christianity Today*, 7 enero 1983, p. 24.

73 *«Weil»*: Simone Weil, *Gravity and Grace* (Nueva York: Routledge, 1972), p. 9 [*La gravedad y la gracia* (Madrid: Editorial Trotta, S. A., 2007)].

77 *«Porque no tenemos»*: Hebreos 4:15.

77 *«Al que no conoció pecado»*: 2 Corintios 5:21.

77 *«Si es posible»*: Mateo 26:39.

77 *«Perdónalos»*: Lucas 23:34.

CAPÍTULO 7

79 *«Wiesenthal»*: Simón Wiesenthal, *The Sunflower* (Nueva York: Schocken, 1976).

85 *«Klausner»*: Joseph Klausner, *Jesus of Nazareth: His Life, Times, and Teaching* (Londres: George Allen & Unwin, 1925), p. 393 [*Jesús de Nazaret: su vida, su época, sus enseñanzas* (Barcelona: Ediciones Paidós, 2006)].

88 «*Smedes*»: Lewis B. Smedes, *Forgive and Forget* (San Francisco: Harper & Row, 1984), p. 130 [*Perdonar y olvidar* (ABG-Grupo Planeta, 2015)].

89 «*Guardini*»: Romano Guardini, *The Lord* (Chicago: Regnery Gateway, 1954), p. 302 [*El Señor* (Madrid: Ediciones Cristiandad, 2005)].

91 «*Thielicke*»: Helmut Thielicke, *The Waiting Father* (San Francisco: Harper & Row, 1959), p. 62.

92 «*Wilson*»: Mark Noll, «Belfast, Tense with Peace», en *Books & Culture*, noviembre/diciembre 1995, p. 12.

93 «*O'Connor*»: Elizabeth O'Connor, *Cry Pain, Cry Hope* (Waco, TX: Word Books, 1987), p. 50.

94 «*Time*»: Lance Morrow, «I Spoke... As a Brother», en *Time*, 9 enero 1984, pp. 27-33.

95 «*Porque no saben*»: Lucas 23:34.

CAPÍTULO 8

97 «*Wink*»: Walter Wink, *Engaging the Powers* (Minneapolis: Fortress, 1992), p. 275.

98 «*The Wages of Guilt*»: Ian Buruma, *The Wages of Guilt: Memories of War in Germany and Japan* (Nueva York: Farrar, Straus and Giroux, 1994).

100 «*Nosotros, los primeros*»: Citado en *Response*, publicación del Centro Simón Wiesenthal de Los Ángeles.

115 «*Trueblood*»: Elton Trueblood, *The Yoke of Christ* (Waco, TX: Word, 1958), p. 37.

117 «*Wink*»: Wink, *Engaging*, p. 191.

118 «*Tutu*»: Michael Henderson, *The Forgiveness Factor* (Salem, OR: Grosvenor Books USA, 1996), p. xix.

119 *«King»*: David Garrow, *Bearing the Cross* (Nueva York: William Morrow, 1986), pp. 81, 500, 532.

120 *«van der Post»*: Laurens van der Post, *The Prisoner and the Bomb* (Nueva York: William Morrow and Company, 1971), p. 133.

CAPÍTULO 9

123 «*Weil*»: Simone Weil, *Gravity and Grace* (Nueva York: Routledge, 1972), pp. 1, 16 [*La gravedad y la gracia* (Madrid: Editorial Trotta, S. A., 2007)].

124 «*Barth*»: Karl Barth, *The Word of God and the Word of Man* (Nueva York: Harper & Row, 1957), p. 92.

125 «*Merton*»: Thomas Merton, *No Man Is an Island* (Nueva York: Harcourt, Brace and Company,1955), p. 235 [*Los hombres no son islas* (Buenos Aires: Editorial Sudamericana, 1998)].

126 «*Lewis*»: C. S. Lewis, *The Four Loves* (Londres: Geoffrey Bles, 1960), p. 149 [*Los cuatro amores* (Nueva York: HarperOne, 2006)].

127 «*Desde el cielo*»: Citado por Ernest Kurtz, *The Spirituality of Imperfection* (Nueva York: Bantam, 1994), p. 29.

128 «*Y volviéndose hacia la mujer*»: Lucas 7:44-47.

129 «*La perdición*». Harold Frederic, *The Damnation of Theron Ware* (Nueva York: Penguin, 1956), pp. 75-76.

130 «*Meyer*»: Citado por Brennan Manning, *The Gentle Revolutionaries* (Denville, NJ: Dimension, 1976), p. 66.

132 «*Mairs*»: Nancy Mairs, *Ordinary Time* (Boston, MA: Beacon Press, 1994), p. 89.

137 «*Nietzsche*»: Citado por Williams, *Singleness*, op. cit., p. 126.

138 «*Lewis*»:*Mero Cristianismo* (Nueva York: HarperOne, 2006).

ACERCA DEL AUTOR

Philip Yancey explora las cuestiones más básicas y los misterios más profundos de la fe cristiana, para el deleite de millones de lectores. En los inicios de su carrera creó libros *best sellers* tales como *Desilusión con Dios* y *Cuando la vida duele: ¿Dónde está Dios cuando sufrimos?* a la vez que editó *The Student Bible* [Biblia para estudiantes]. Recientemente ha sentido la libertad de explorar temas centrales de la fe cristiana redactando títulos galardonados tales como *El Jesús que nunca conocí*, *Gracia divina vs. condena humana* (del cual se ha tomado este material) y *La oración: ¿Hace alguna diferencia?* Sus libros han obtenido trece galardones Gold Medallion de casas publicadoras y librerías cristianas. En la actualidad tiene más de quince millones de libros en circulación, publicados en más de cincuenta idiomas en todo el mundo.

Yancey se desempeñó como reportero en Chicago por unos veinte años en la edición de la revista para jóvenes *Campus Life* y a la vez contribuyendo para una variedad de revistas, incluyendo *Reader's Digest*, *Saturday Evening Post*, *National Wildlife* y *Christianity Today*. Durante este proceso entrevistó a un grupo diverso de individuos enriquecidos por su fe personal, tales como el Presidente Jimmy Carter, Millard Fuller, fundador de Habitat for Humanity, y Dame Cicely Saunders, fundadora del movimiento moderno de cuidados paliativos.

En 1992, él y su esposa Janet, una trabajadora social y capellana de cuidados paliativos, se trasladaron a las montañas de Colorado. Sus escritos adoptaron un giro más personal e introspectivo, a pesar de que sus actividades se enfocaron hacia lo externo. «Escribir es un acto tan introspectivo que me hallé a mí mismo buscando maneras para conectarme con el planeta de modo corporal. Mis intereses incluyen esquí, alpinismo, ciclismo de montaña, golf, viajes internacionales, trote, naturaleza, teología (en dosis pequeñas), política, literatura y música clásica».